Gemeinverständlicher

Führer

durch das

Aufwertungsgesetz

und die neuen

Durchführungs-Bestimmungen

von

Victor Löwenstein / München

*

1926

München / Berlin / Leipzig

J. Schweitzer Verlag (Arthur Sellier)

Inhaltsverzeichnis

Vorbemerkung

1. Die Schrift will die wesentlichen Gesichtspunkte und die für die Praxis wichtigsten Fragen des Aufwertungsgesetzes und der Durchführungsbestimmungen in übersichtlicher, gemeinverständlicher Form darstellen.
2. „§ . . ." ohne weitere Bezeichnung: Aufwertungsgesetz vom 16. Juli 1925 (Reichsgesetzblatt I Nr. 31, Seite 117);
   „Art. . . . . ." ohne weitere Bezeichnung: Durchführungsverordnung zum Aufwertungsgesetz, vom 29. November 1925 (Reichsgesetzblatt I Nr. 51, Seite 392).

A

Aufwertung von Hypotheken

I.

Normaler Aufwertungssatz — Aufwertungsbetrag

25% des Goldmarkbetrages.

(§ 4.)

II.

Goldmarkbetrag ist: — Goldmarkbetrag

1. wenn Anspruch vor 1. 1. 1918 erworben ist:
   der Nennbetrag;
2. wenn Anspruch ab 1. 1. 1918 entgeltlich erworben:
   a) Erwerbspreis der Forderung, umgerechnet nach der Meßzahl (Anlage zum Aufwertungsgesetz, abgedruckt S. 55);
   b) Nennwert, umgerechnet nach der Meßzahl, wenn dieses Ergebnis niedriger ist;
3. wenn Anspruch ab 1. 1. 1918 nicht entgeltlich erworben; Nennwert, umgerechnet nach Meßzahl.

(§ 2.)

Erwerb nach 13. 2. 1924 (die Dritte Steuernotverordnung wurde am 14. 2. 24 erlassen) bleibt für Berechnung des Goldmarkbetrages außer Betracht; zu berücksichtigen ist dann der für den zeitlich vorgehenden Gläubiger maßgebende Goldmarkbetrag.

(§§ 2, 17.)

III.

1. Als Stichtag für die Goldmarkberechnung ist grundsätzlich maßgebend: — Stichtag für die Goldmarkberechnung

   a) Tag des Erwerbs der Forderung durch den Gläubiger selbst.

   Maßgebend bleibt jedoch ausnahmsweise in folgenden Fällen der Tag des Erwerbs der Forderung durch den Rechtsvorgänger des Gläubigers:
   wenn Gläubiger die Forderung erworben hat:

   b) von Todes wegen:
   der Erwerb durch Erblasser;

c) durch Gütergemeinschaft:
Erwerb durch einbringenden Ehegatten.

d) durch Erbenauseinandersetzung oder Gütergemeinschaftsauseinandersetzung:
Erwerb durch die Gemeinschaft.

e) durch Ausstattung:
Erwerb durch Vater oder Mutter.

f) in Rücksicht auf ein künftiges gesetzliches Erbrecht:
Erwerb durch Veräußerer.

g) auf Grund eines Treuhandverhältnisses:
Erwerb durch Auftraggeber oder
Erwerb durch Treuhänder, wenn letzterer zeitlich vorging.

h) durch Uebernahme eines Vermögens als Ganzen:
Erwerb durch Veräußerer.

i) durch Schenkung:
Erwerb durch den Schenker.

k) durch Uebernahme eines der Deckung von Pfandbriefen dienenden Hypothekenbestands als Ganzen:
Erwerb durch Veräußerer.

l) durch Uebernahme eines Versicherungsbestands oder bei durch Währungsschwierigkeiten bedingter Uebernahme einzelner Versicherungen durch eine andere Versicherungsunternehmung:
Erwerb durch die übertragende Versicherungsunternehmung.

2. Als Kalendertag, an dem die Forderung erworben ist, ist (falls nicht anderer Nachweis erbracht wird) anzunehmen:
   a) Tag der Grundbucheintragung;
   b) bei Abtretung mit Hypothekenbrief-Uebergabe:
   Ausstellungstag der Abtretungs-Urkunde.

3. Der ursprüngliche Stichtag der alten Forderung gilt nicht als geändert durch:
   a) stattgefundene Prolongationen;
   b) Zusammenfassung des alten Anspruches mit Zusatzdarlehen in neuer Eintragung (Einheitshypothek), sowie in ähnlichen Fällen;
   c) Abtretung oder Neu-Eintragung an Stelle einer Rangänderung;
   d) Auswechslung von Grundstücken desselben Eigentümers.

(§§ 3, 5.)

IV.

Erhöhung des normalen Aufwertungssatzes

1. **Höher als** 25% **kann** die durch Hypothek gesicherte persönliche Forderung in folgenden Fällen **aufgewertet werden** (vgl. jedoch die Ausnahme unter 2):

a) Kaufgelder[1]) aus der Zeit vom 1. 1. 1909 bis 31. 12. 1911 und Ansprüche aus Gutsüberlassungsverträgen aus der Zeit bis 31. 12. 1911:

bis 75% des Goldmarkbetrages;

b) Kaufgelder[1]) und Ansprüche aus Gutsüberlassungsverträgen aus der Zeit vom 1. 1. 1912 bis 31. 12. 1921:

bis 100% des Goldmarkbetrages;

c) in unbeschränkter Höhe (unter Umständen über 100%; maßgebend sind die von den obersten Gerichten aufgestellten allgemeinen Grundsätze) Ansprüche aus

aa) Kaufgeldern[1]) und Gutsüberlassungsverträgen aus der Zeit seit 1. 1. 1922;

bb) Forderungen jeder Art (ausgenommen Darlehen), wenn die Hypothek eine Sicherungshypothek ist;

cc) Gesellschaftsverträgen oder anderen Beteiligungsverhältnissen;

dd) Beziehungen aus der Auseinandersetzung unter Miterben, Ehegatten, Eltern und Kindern, Erben und Pflichtteilsberechtigten oder Vermächtnisnehmern;

ee) Beziehungen zwischen unterhaltsberechtigten und unterhaltsverpflichteten Personen;

ff) Forderungen auf wiederkehrende Leistungen aus Abfindungen, Auseinandersetzungen, Ueberlassungen.

Grund für höhere Aufwertung z. B.:
Wertsteigerung des belasteten Grundstückes, des überlassenen Gutes, der Gesellschaftsrechte usw.

Nur die persönliche Forderung kann hierbei höher als 25% aufgewertet werden.

Das eingetragene dingliche Hypothekenrecht wird stets nur mit 25% aufgewertet.

(§ 10.)

2. Eine höhere Aufwertung als 25% ist auch in obigen Fällen ausgeschlossen, — nur bei Sicherungshypotheken bleibt sie möglich — falls die Forderung vor 14. 2. 1924 vom ursprünglichen Gläubiger auf einen fremden Dritten übergegangen ist; die oben unter III, 1 b—l bezeichneten Rechtsvorgänge gelten hierbei nicht als Uebergang an fremde Dritte.

(§ 11.)

---

[1]) Unter „Kaufgeldern" ist zu verstehen: Kaufgeld für den Erwerb des mit der Hypothek belasteten Grundstücks, auch wenn die Kaufgeldforderung bei ihrer Begründung in eine Darle.,ensforderung umgewandelt ist.

V.

Niedriger als 25% können aufgewertet werden:

Ermäßigung des normalen Aufwertungssatzes

a) alle unter IV a, b, c genannten persönlichen Forderungen und die dafür eingetragenen Hypotheken bis zum Papiermarkbetrag (Nullwert).

Grund: z. B. Wertverfall des Grundstückes, der Gesellschaftsrechte und ähnliches;
(§§ 10, 4.)

b) andere Hypotheken: bis auf 15% Mindesthöhe.

Ermäßigungsgrund: Herabsetzung muß mit Rücksicht auf die wirtschaftliche Lage des Grundstückseigentümers zur Abwendung einer groben Unbilligkeit unabweisbar erscheinen.
(§§ 8, 4.)

VI.

Antrag auf

Antragsfristen für Aufwertungserhöhung und -Ermäßigung

a) Erhöhung der Aufwertung (siehe IV) oder
b) Herabsetzung der Aufwertung (siehe V)

muß **vor**

1. April 1926

bei der **Aufwertungsstelle** gestellt sein.
(§§ 8, 12.)

VII.

Aufwertungsstelle

1. **Aufwertungsstelle** ist in Preußen und Bayern das Amtsgericht, in dessen Grundbuchbezirk das Grundbuch für das belastete Grundstück geführt wird.

2. Gegen Entscheidung der Aufwertungsstelle zulässig:
Sofortige Beschwerde an das Landgericht.
Gegen Landgericht zulässig:
Sofortige weitere Beschwerde an oberste Entscheidungsstelle:
a) in Bayern: An das Oberste Landesgericht, München;
b) in Preußen: An das Kammergericht, Berlin;
c) in den anderen Ländern: An das Oberlandesgericht.
Bei der sofortigen weiteren Beschwerde muß die Beschwerdeschrift von einem Rechtsanwalt unterzeichnet sein; es wird nur mehr geprüft, ob das Gesetz verletzt ist.

Bei Einverständnis der Parteien:

Sofortige weitere Beschwerde (unter Ueberspringung des Landgerichtes) gegen Amtsgerichtsentscheidung bei der obersten Entscheidungsstelle.
(§§ 69, 72, 74; Art. 124.)

Bayerisches Aufwertungs-Durchführungsgesetz vom 20. 7. 1925 (Bayerisches Gesetz- und Verordnungsblatt Nr. 19).

Preuß. Verordnung v. 27. 8. 25 (Preuß. Ges.-Samml. Nr. 24).

3. Anhängige Verfahren bei Aufwertungsstellen oder Beschwerdeinstanzen auf Grund der Dritten Steuernotverordnung gelten als anhängige Verfahren auf Grund des neuen Aufwertungsgesetzes.
(Art. 127.)

4. Soweit auf Grund der Dritten Steuernotverordnung Ansprüche angemeldet oder Anträge gestellt sind, für die es nach den entsprechenden Vorschriften des Aufwertungsgesetzes der Einhaltung bestimmter Fristen bedarf, gelten diese Fristen als gewahrt.
(Art. 128.)

5. War das Verfahren auf Grund des Gesetzes vom 17. 2. 1925 (RGBl. I S. 15) ausgesetzt, so hat das Gericht auf Antrag einer Partei die Aussetzung wieder aufzuheben.
(§ 83; Art. 127 IV.)

6. In Bayern können Anträge, Anmeldungen und Erklärungen an die Aufwertungsstelle auch beim Gerichtsschreiber **jedes Amtsgerichts** zu Protokoll gegeben werden. Außer bei sofortiger Beschwerde und sofortiger weiterer Beschwerde ist dann aber für Fristen erst der Eingang dieses Protokolls beim zuständigen Amtsgericht maßgebend. (Bay. Vollzugsverordnung v. 28. 7. 1925; Bay. Ges.- u. Verordn.-Bl. Nr. 23.)

VIII.

Aufwertung ausgeschlossen

Nicht aufgewertet werden und zu löschen sind

Hypotheken und Grundschulden, die vor 15. 6. 1922 zurückgezahlt sind,

wenn Gläubiger sich nicht bei Annahme der Leistung seine Rechte vorbehalten hat. (§§ 14, 15.) Als maßgebender Zeitpunkt der Zahlung ist bei Behörden und größeren Kreditanstalten nicht der Tag des Geldeingangs anzusehen, sondern der Tag, an dem die leitenden Persönlichkeiten hievon erfahren konnten.

IX.

Aufwertung heimbezahlter Hypotheken

1. **Heimbezahlte Hypotheken sind aufzuwerten,** auch wenn sie gelöscht sind und selbst falls Gläubiger gekündigt hatte,

   a) wenn Gläubiger sich bei Annahme der Leistung seine **Rechte vorbehalten** hat **(Vorbehalt);**

   b) wenn **Rückzahlung nach dem 14. 6. 1922,** sei es auch ohne Vorbehalt der Gläubigerrechte erfolgte **(Rückwirkung);** auch ein gerichtliches Urteil steht hier der Aufwertung nicht entgegen.
   (§§ 14, 15, § 68 Absatz 2, § 78.)

2. In der Zeit vom 15. 6. 22 bis 14. 2. 24 geschlossene Vergleiche über Hypothekenheimzahlung und Aufwertung bleiben gegenüber den neuen Aufwertungsbestimmungen
   a) nur gültig, wenn Gläubiger Kaufmann war und den Vergleich im Betriebe seines Handelsgewerbes geschlossen hat.

   Sie sind

   b) ungültig, (es gilt also die neue Aufwertung trotz des Vergleiches),
      wenn Gläubiger eine Hypothekenbank, Sparkasse, Versicherungsunternehmung war und die Aufhebung des Vergleichs den Pfandbriefgläubigern, Sparern oder Versicherten zugute kommt;
   c) ebenfalls ungültig
      in allen anderen Fällen.
      (§ 67 Absatz 2.)

Sind im Falle c beim Vergleich Forderungen und Gegenforderungen gegeneinander ganz oder teilweise ausgeglichen, so sind bei Berechnung des jetzigen Guthabens des Gläubigers die unter Ziff. X g aufgeführten Grundsätze anzuwenden. Hat Eigentümer oder pers. Schuldner bis 10. 12. 1925 hiernach zuviel bezahlt, so behält es dabei sein Bewenden. (Art. 19, 20, 23, 135.)

3. Aufwertungsansprüche kraft Vorbehalt oder Rückwirkung, (mit Ausnahme der vom 15. 6. 1922—31. 12. 1922 angenommenen planmäßigen Tilgungsbeträge von Amortisationshypotheken, die zur Teilungsmasse eines Hypothekeninstituts gehören),
   müssen **bis**

   1. Januar 1926

   bei der Aufwertungsstelle **angemeldet** sein; sonst verfallen sie.

   Gläubiger kann als vorläufige Sicherung einen sogenannten „Widerspruchs"-Eintrag im Grundbuch beantragen.
   (§§ 16, 17, 78; Art. 68.)

X.

Anrechnung von Rückzahlungen; Aufrechnung von Gegenforderungen

a) **Rückzahlungen,** die **vor 15. Juni 1922** ohne Vorbehalt angenommen sind,
   werden zum Nennwert auf den Nennwert angerechnet, wenn die Leistung bar geschehen ist,
   oder wenn
b) die Leistung in Anleihen, Pfandbriefen oder sonstigen Inhaber- oder durch Indossament übertragbaren Schuldverschreibungen erfolgt ist.

   Ausnahme: Vereinbarung eines geringeren Anrechnungsbetrages.

c) **Rückzahlungen,** die **ab 15. Juni 1922 oder unter Vorbehalt** vorher angenommen sind,

sind in Höhe ihres Goldmarkbetrages auf den Aufwertungsbetrag anzurechnen, wenn die Leistung bar erfolgte.

d) Bei Rückzahlungen, die **vom 15. Juni 1922 bis 13. Februar 1924 oder unter Vorbehalt** der Rechte **in Anleihen, Pfandbriefen** oder sonstigen Inhaber- oder durch Indossament übertragbaren Schuldverschreibungen geschehen sind,

ist der Goldmarkwert der hingegebenen Anleihe, (wegen Industrieobligationen vgl. Abschn. C Ziff. II), des Pfandbriefes (vgl. Abschnitt D Ziffer II) oder der sonstigen Schuldverschreibungen auf den Goldmarkwert des aufgewerteten Rechtes anzurechnen.

Ist hierbei in Markanleihen des Reiches oder anderen Anleihen im Sinn des Anleiheablösungsgesetzes gezahlt, so entscheidet die Aufwertungsstelle über die Anrechnung nach freiem Ermessen unter Berücksichtigung der Interessen beider Teile, insbesondere des Werts, den die Anleihe — je nachdem sie Altbesitz oder Neubesitz ist — jetzt hätte.

e) Ueber die Höhe der Anrechnung von anderen Sachleistungen entscheidet die Aufwertungsstelle nach freiem Ermessen unter Berücksichtigung der Interessen beider Teile.

(§§ 18, 78; Art. 18, 19.)

f) Nach dem 31. 12. 1922 angenommene planmäßige Tilgungsbeträge von Amortisationshypotheken, die zur Teilungsmasse einer Hypothekenbank usw. oder Versicherungsunternehmung gehören, werden nicht angerechnet.

(Art. 68, 92, 93, 99.)

g) **Rechnet Schuldner mit** zur Aufrechnung geeigneten **Gegenforderungen,** die der Schuldner (oder in den Fällen Ziffer III, b bis l sein Rechsvorgänger) vor 15. Juni 1922 erworben hat, gegen die Gläubigerforderung **auf,** so erlischt das aufgewertete Recht zum Nennbetrag in Höhe des Nennbetrages der Gegenforderung.

Ist die Gegenforderung nach dem 14. 6. 1922 erworben, so tritt für beide Forderungen an Stelle des Nennbetrages der sich auf Grund der gesetzlichen Aufwertungsvorschriften ergebende Betrag.

Ausnahmen: Gegen öffentliche oder unter Staatsaufsicht stehende Sparkassen kann nur mit Einzahlungen aufgerechnet werden, die zur Abtragung einer Hypothek oder Grundschuld vereinbarungsgemäß zu dienen bestimmt waren.

Mit Gegenforderungen, die aus einer Teilungsmasse zu befriedigen sind, kann überhaupt nicht aufgerechnet werden.

(Art. 19.)

h) Hat der Eigentümer oder Schuldner bis 9. 12. 1925 bereits mehr geleistet, als er nach den Vorschriften zu b, d, e, g, zu leisten hatte, so behält es dabei sein Bewenden.

(Art. 23, 135.)

XI.

Aufwertungsherabsetzung in Härtefällen bei wiederauflebenden Hypotheken

1. Der Schuldner bzw. der Grundstückseigentümer kann gegen die kraft Rückwirkung — wegen Heimzahlung vom 15. 6. 22 bis 14. 2. 24 — erfolgende Aufwertung (nicht gegen die Aufwertung kraft Vorbehalt) Einspruch erheben, wenn sie eine unbillige Härte wäre:

   a) für den Grundstückseigentümer oder den persönlichen Schuldner mit Rücksicht auf ihre wirtschaftliche Lage, insbesondere auch auf erhebliche Verluste durch den Währungsverfall, Liquidations- oder Verdrängungsschäden;

   b) für den persönlichen Schuldner mit Rücksicht auf die geringe Höhe des bei Veräußerung des belasteten Grundstückes erzielten Erlöses;

   c) für den Grundstückseigentümer oder den persönlichen Schuldner, weil sie durch des Gläubigers Kündigung zur Verschleuderung von Vermögensstücken gezwungen waren.

   (§ 15.)

2. Bei Aufwertung kraft Vorbehalts der Rechte gelten für die Herabsetzung des Aufwertungsbetrages dieselben Bestimmungen wie bei nicht heimbezahlten Hypotheken:

   a) bei Hypotheken, welche für die unter Ziffer IV a, b, c aufgeführten persönlichen Forderungen eingetragen sind, ist Herabsetzung bis zum Papiermarknennbetrag (Nullwert) möglich.

   Grund: z. B. Wertverfall des Grundstückes, der Gesellschaftsrechte und ähnliches.

   (§§ 14, 10.)

   b) bei anderen Hypotheken: bis auf 15% Mindesthöhe. Ermäßigungsgrund: Unabweisbare Abwendung einer groben Unbilligkeit mit Rücksicht auf die wirtschaftliche Lage des Grundstückseigentümers.

   (§§ 14, 4, 8.)

3. Bei der Aufwertung, die erfolgt, weil Heimzahlung nach dem 13. 2. 1924 stattgefunden hat, gilt das Gleiche wie zu 2.

   (§§ 78, 8, 12.)

4. Will der Grundstückseigentümer bezw. der persönliche Schuldner Einspruch gegen die Aufwertung nach Ziff. 1—3 erheben, so muß dies innerhalb 3 Monaten seit Mitteilung des Amtsgerichts (Aufwertungsstelle) über die Aufwertungsanmeldung des Gläubigers bei der Aufwertungsstelle geschehen.
   (§§ 14, 15, 16, 78.)
5. Die Wiedereintragung kann erfolgen, wenn die dreimonatige Einspruchsfrist des Eigentümers abgelaufen ist, selbst wenn die dreimonatige Einspruchsfrist des persönlichen Schuldners noch läuft. Grundstückseigentümer kann in diesem Fall Eintrag eines Widerspruchs beantragen.
   (Artikel 15.)

XII.

1. **Verzinsung des Aufwertungsbetrages:** Verzinsung Amortisation
   a) bis 1. 1. 1925 unverzinslich; rückständige Zinsen sind erlassen;
   b) vom 1. 1. bis 30. 6. 1925: 1,2% jährlich (im ganzen also 0,6% vom Aufwertungsbetrag);
   c) vom 1. 7. bis 31. 12. 1925: 2,5% jährlich (im ganzen also 1,25% vom Aufwertungsbetrag);
   d) vom 1. 1. 1926 bis 31. 12. 1927: 3% jährlich;
   e) vom 1. 1. 1928 ab: 5% jährlich;
   f) für die Fälle der Stundung über den 1. 1. 1932 hinaus setzt die Reichsregierung den Zinssatz ab 1. 1. 1932 fest.
2. Verzinsung bereits gelöschter und kraft Rückwirkung wieder einzutragender Hypotheken beginnt mit dem der Wiedereintragung folgenden Kalendervierteljahr.
3. Amortisationsbeträge: frühester Beginn: 1. 1. 1926.
4. a) Bei Tilgungshypotheken, die zur Teilungsmasse einer Hypothekenbank usw. oder zum Aufwertungsstock eines Versicherungsunternehmens gehören, braucht die Bank vor 1. 1. 1928 Tilgungsbeträge nicht einzufordern.
   b) Zusammen mit der ersten Tilgungsrate ist auf Verlangen der Bank der Teil des Aufwertungsbetrages zu zahlen, der die letzten vollen 100 Goldmark des Aufwertungsbetrages übersteigt.
   (Artikel 70 I, II, 99.)
5. Für nicht der Zwangswirtschaft unterliegende Grundstücke kann die Aufwertungsstelle auf Antrag des Gläubigers erhöhten Tilgungssatz festsetzen; Schuldner kann sich wegen mißlicher Lage dagegen wehren.
   (§§ 28, 29.)

6. Fälligkeit der Zins- und Tilgungsbeträge richtet sich nach dem ursprünglichen Hypothekenvertrag. Erste Fälligkeit ausnahmsweise nicht vor 1. 8. 25 (Gesetz vom 28. 6. 25 Art. III; Reichsgesetzblatt I S. 92).

Für die Zeit bis 31. Dezember 1927 kann bei Tilgungshypotheken, die zur Teilungsmasse einer Hypothekenbank usw. gehören, die Bank verlangen, daß die Zinsen für das ganze Kalenderjahr jeweils am 1. Juli geleistet werden. (Artikel 75.)

7. Unpünktliche Zins- und Tilgungszahlung aus dem Aufwertungsbetrag zieht die gleichen Folgen wie nach dem alten Hypothekenvertrag nach sich. (Unter Umständen Fälligkeit des ganzen Kapitals; Zwangsversteigerung). (§ 25.)

8. Wegen Zwangsversteigerung von Grundstücken, die der Zwangswirtschaft unterliegen, bestehen Schonungsvorschriften bei Ausbleiben von Miet- und Pachtzinszahlungen nach Maßgabe des § 30.

XIII.

Kapital-Rückzahlung

1. **Rückzahlung des Aufwertungsbetrages** kann Gläubiger nicht vor dem 1. 1. 1932 verlangen; Vereinbarungen über spätere Rückzahlung bleiben bestehen; (siehe jedoch Ausnahmen Ziff. XIV).

2. Vorzeitige Fälligkeit, z. B. bei unpünktlicher Zinszahlung, tritt ein, wenn für solche besonderen Fälle im alten Hypothekenvertrag Vereinbarung getroffen ist;

3. Hinausschiebung der Fälligkeit bis spätestens 1. 1. 1938 kann vom Grundstückseigentümer oder Schuldner beantragt werden, wenn dies mit Rücksicht auf ihre wirtschaftliche Lage zur Abwendung einer groben Unbilligkeit unabweisbar erscheint;
dann jedoch unter Umständen Rückzahlung in Teilbeträgen, frühestens ab 1. 1. 1930;
Antrag an Aufwertungsstelle bis 1. 1. 1927 zu richten.

4. Rückzahlung vor 1. 1. 1932 (frühestens ab 1. 1. 1926) kann bedürftiger Gläubiger gegenüber gutsituiertem Schuldner bei nicht der Zwangsbewirtschaftung unterliegendem Grundstück bis

1. April 1926

bei der Aufwertungsstelle beantragen.

(Jährlich: bis RM. 1000.— Rückzahlung, höchstens 10% des Aufwertungsbetrages; Vergütung eines Diskontes an rückzahlenden Schuldner.)

Ein Gläubiger, der (außer den unter III, 1 zu b—l bezeichneten Fällen) die Forderung nach dem 13. 2. 1924 erworben hat, kann den Antrag nicht stellen.

5. **Zahlung durch Schuldner** auch **vor** 1. 1. 1932 jederzeit 3 Monate nach Kündigung möglich.
(§§ 25—27.)

6. **Wird** vom Grundstückseigentümer oder persönlichen Schuldner **der Aufwertungsbetrag vor** gesetzlicher oder vertraglicher **Fälligkeit zurückgezahlt,** so berechnet sich der Barwert des Aufwertungsbetrages zuzüglich der bis zur Fälligkeit zu berechnenden Zinsen (vgl. Ziffer XII, 1) **unter Abrechnung eines Diskontes** zu Gunsten des Schuldners, der bis zur anderweitigen Regelung durch die Reichsregierung 9% **jährlich** beträgt. Zwischenzins bei vorzeitiger Rückzahlung.

Für die am 1. Januar 1932 fälligen Ansprüche ist der hiernach sich ergebende Barwert aus der Anlage 1 zur Durchführungsverordnung ersichtlich. (Abgedruckt Seite 58.)

Hinausschiebung der Fälligkeit gemäß Ziffer 3 bleibt für die Berechnung des Zwischenzinses außer Betracht.

Streitigkeiten über Zwischenzins entscheidet auf Antrag die Aufwertungsstelle.
(Artikel 21.)

Hat der Eigentümer oder persönliche Schuldner in der Zeit vom 15. 7. 1925 bis 9. 12. 1925 zurückbezahlt und dabei zu geringen Zwischenzins abgezogen, so behält es dabei sein Bewenden.
(Artikel 23, 135; § 88.)

XIV.

1. Bei **Tilgungshypotheken,** die zur **Teilungsmasse einer Hypothekenbank usw. gehören,** kann die Aufwertungsstelle auf Antrag der Bank — falls nicht die wirtschaftliche Lage des Grundstückseigentümers oder des persönlichen Schuldners es untunlich erscheinen lassen — bestimmen, Besondere Tilgungsvorschriften für Hypotheken der Teilungsmasse von Hypothekenbanken usw.
   a) daß die Tilgungshypothek unter Aufhebung des Tilgungsplanes in eine durch bestimmte Zahlungen zu tilgende Hypothek umgewandelt wird;
   b) daß die Tilgungshypothek in eine am 1. Januar 1932 fällige Hypothek umgewandelt wird, wenn der zu tilgende Restbetrag 500 Goldmark nicht übersteigt oder gegenüber der ursprünglichen Schuld verhältnismäßig geringfügig ist.

2. **In jedem Falle** sind solche Tilgungshypotheken von der **Bank mit Kündigungsfrist von einem Jahr** auf den 1. Januar 1938 oder einen vereinbarten früheren Termin, **frühestens 1. Januar 1932, kündbar.**

Ziffern 1 und 2 gelten auch für die zum Aufwertungsstock einer Versicherungsunternehmung gehörigen Hypotheken.
(Artikel 69, 70 III, 92, 93, 99.)

3. **Gibt die Bank ihren Pfandbrief-** oder Kommunalobligationen- usw.-**Gläubigern Goldpfandbriefe** in Anrechnung auf ihren Anteil an der Pfandbriefteilungsmasse (siehe Abschnitt D Ziff. VII, 2, 3) **und erklärt** sie **sich bereit, die aufgewerteten Hypotheken als** ihrerseits **dauernd unkündbare Tilgungshypotheken** den Schuldnern **zu belassen,** so darf sie mit Wirkung vom 1. Januar 1928 neben den Zinsen (siehe Ziffer XII, 1) 3% jährliche Tilgung verlangen. Der Grundstückseigentümer und der persönliche Schuldner können spätestens sechs Monate, nachdem die Bank dieses Verlangen gestellt hat, wenn es mit Rücksicht auf ihre wirtschaftliche Leistungsfähigkeit unerläßlich erscheint, bei der Aufwertungsstelle

   a) Herabsetzung des Tilgungssatzes in halbprozentigen Stufen oder

   b) gänzlichen Wegfall der Tilgung

   verlangen. Im Falle b) kann jedoch die Bank die Zahlung des aufgewerteten Kapitalbetrages auf den 1. Januar 1932, nach ihrer Wahl später, nach (wenn nichts anderes vereinbart ist) sechsmonatiger Kündigung verlangen.

   Im übrigen bleiben die Kündigungs- und Rückzahlungsrechte des Schuldners aus dem alten Hypothekenvertrag unberührt.

   (Artikel 86, 92, 93.)

4. Schuldner kann bis 31. Dezember 1926 nur bar zurückzahlen, er darf ab 1. 1. 1927 bar zahlen, selbst wenn im alten Hypothekenvertrag Rückzahlung in Pfandbriefen vereinbart war.

5. Auch wenn Rückzahlung in Pfandbriefen im alten Hypothekenvertrag nicht vereinbart war, kann Schuldner ab 1. 1. 1927 in Pfandbriefen zurückzahlen,

   wenn er Pfandbriefe in der Menge leistet, die von der Bank mit Zustimmung der Aufsichtsbehörde auf Grund des Verhältnisses des Gesamtbestandes der Teilungsmasse und des Goldmarkbetrages des Pfandbriefumlaufes öffentlich bekannt gemacht ist.

   (Artikel 74 I.)

6. Wenn die Bank ihren Pfandbrief- oder Kommunalobligations- usw.-Gläubigern neue Goldpfandbriefe als Ausschüttung aus der Teilungsmasse gibt, (vgl. Abschn. D, Ziff. VII, 2, 3) darf sie mit Zustimmung der Aufsichtsbehörde die Annahme von Pfandbriefen zur Hypothekenrückzahlung ablehnen, und zwar frühestens drei Monate vor Ausschüttung der Goldpfandbriefe.

   (Artikel 84, VI.)

7. **Mit den** nach Ziffern 3, 6 **ausgeschütteten Goldpfandbriefen können Hypotheken** und Grundschulden der Teilungsmasse **zurück-**

bezahlt werden; die Goldpfandbriefe werden **zu pari** auf den Hypotheken-Aufwertungsbetrag angerechnet.

(Artikel 84, VII.)

XV.

Eintrag der Aufwertung; Rang; Vorbehalt für Eigentümer

1. **Eintrag der Aufwertung in das Grundbuch** erfolgt auf Antrag des Gläubigers oder des Grundstückeigentümers, und zwar in Goldmark. (Eine Goldmark = amtl. Preis von $^1/_{2790}$ kg Feingold.)

(§ 6; Artikel 1; Ausnahme siehe Abschnitt C Ziffer I.)

Hierbei wird, wenn nicht das Gegenteil nachgewiesen wird, die Angabe des Gläubigers über die erfolgten Zahlungen und Rückzahlungszeiten als richtig angenommen.

(Artikel 3.)

Die Kosten trägt der Grundstückseigentümer.

(Artikel 130.)

Ist die Aufwertung bereits eingetragen, aber nicht in Goldmark, so wird der Eintrag von Amts wegen gebührenfrei berichtigt; bei Abweichung anderer Art vom Aufw.-Gesetz und der Durchf.-Verordnung erfolgt Berichtigung gebührenfrei auf Antrag; Beglaubigung nicht erforderlich.

(Artikel 25.)

2. **Für den Grundstückseigentümer** besteht ein **Rangvorbehaltsrecht** wie folgt:

a) Den Rang an erster Stelle hat der Aufwertungsbetrag der bisher an erster Stelle eingetragenen Hypothek; ist der Gläubiger ein öffentlich-rechtliches oder unter Staatsaufsicht stehendes Unternehmen (z. B. Hypothekenbank), so gelten alle für den Gläubiger in unmittelbarem Zusammenhange mit der ersten Hypothek (Grundschuld) eingetragenen Rechte jetzt als zusammenhängendes Recht im ersten Rang.

b) Dahinter darf der Grundstückseigentümer 25% des Goldmarkbetrages der aufgewerteten **ersten** Hypothek oder Grundschuld als Hypothek oder Grundschuld mit üblichem Zinsfuß (das sind vorläufig, bis 2 Tage nach Veröffentlichung einer Aenderung durch den Reichswirtschaftsminister im Reichsgesetzblatt, 11% jährlich) in Goldmark eintragen lassen.

c) Den Rang dahinter hat der Aufwertungsbetrag der bisherigen zweiten Hypothek.

d) Dahinter darf der Grundstückseigentümer 25% des Goldmarkbetrages der aufgewerteten **zweiten** Hypothek eintragen lassen, falls nicht der volle Goldmarkbetrag der zweiten Hypothek zusammen mit dem vollen Goldmarkbetrag der ersten Hypothek die Mündelsicherheitsgrenze überschreitet.

Als Mündelsicherheitsgrenze gilt in Bayern die Hälfte des Grundstückswertes; (Artikel 92 des Bayerischen Ausführungsgesetzes zum BGB.), in Preußen bei ländlichen Grundstücken zwei Drittel, bei städtischen Grundstücken die Hälfte des Grundstückswertes. (Artikel 73 des Preußischen Ausführungsgesetzes zum BGB.)

Als Grundstückswert gilt der berichtigte Wehrbeitragswert (Artikel II § 3 Absatz 1 Ziffer 1 der Zweiten Steuernotverordnung). Die Aufwertungsstelle hat diesen Wert festzustellen, soweit er nicht schon vom Finanzamt festgestellt ist.

e) Den Rang dahinter hat der Aufwertungsbetrag der dritten Hypothek.

f) Liegt der volle Goldmarkbetrag der aufgewerteten dritten Hypothek noch innerhalb der Mündelsicherheitsgrenze, so darf der Grundstückseigentümer wiederum 25% des Goldmarkbetrages der aufgewerteten dritten Hypothek eintragen lassen.

g) Entsprechendes wie zu e, f, gilt sinngemäß auch für die folgenden Hypotheken.

h) Bestehen am 15. Juli 1925 am Grundstück Rechte in Reichsmark oder in ausländischer Währung, Feingold, Roggen oder nach einem anderen wertbeständigen Maßstab, so nehmen sie die für den Eigentümer (siehe b, d, f, g) vorbehaltene Rangstelle ein.

Bei Berechnung des Wertes der wertbeständigen Rechte gelten u. a. folgende Umrechnungssätze:

1 Reichsmark =	1,00	Goldmark,
1 nordamerikanischer Dollar =	4,20	„
1 englisches Pfund =	20,416	„
100 Schweizer Franken =	81,56	„
100 holländische Gulden =	168,37	„
1 Tonne Roggen =	225,00	„
1 Tonne Weizen =	264,00	„

(§ 7; Artikel 9, 11, 12.)

3. **Steht die Papiermarkhypothek noch im Grundbuch,** so behält im übrigen ihr Aufwertungsbetrag *ihren alten Rang.*

4. Sind hinter der jetzt mit 25% aufzuwertenden Papiermarkhypothek in der Zeit vom 14. 2. 1924 bis 1. 10. 1924 Rechte für andere eingetragen, so gehen die ersten 15% des Aufwertungsbetrages diesen Rechten vor; die restlichen 10% gehen ihnen nach.

(§ 6.)

Beispiel:

Bei einem in Bayern gelegenen Grundstück (oder einem in Preußen gelegenen städtischen Grundstück) mit einem berichtigten Wehrbeitragswert von RM. 100 000.— stehen eingetragen:

I. PM. 20 000.—	sämtlich eingetragen vor dem 1. 1. 1918,
II. PM. 10 000.—	
III. PM. 22 000.—	
IV. RM. 15 000.—	eingetragen am 1. 9. 1924.
V. RM. 5000.—	eingetragen am 1. 12. 1924.

Danach stellt sich — nach vertretener Anschauung — die Aufwertung wie folgt:

1. GM. 3000.—	(15% von I gemäß § 6 Absatz 2).
2. RM. 5000 —	(der von IV in Anspruch genommene Rangvorbehalt von 25% von I, § 7 Absatz 4).
3. GM. 1 500.—	(15% von II gemäß § 6 Absatz 2).
4. RM. 2 500.—	(der von IV in Anspruch genommene Rangvorbehalt von 25% von II, § 7 Absatz 4).
5. GM. 3 300.—	(15% von III gemäß § 6 Absatz 2) — ein Rangvorbehalt dahinter kommt nicht in Betracht, da der Goldmarkbetrag von III nicht mehr voll innerhalb der Mündelsicherheitsgrenze liegt —
6. RM. 7 500.—	(Rest von IV).
7. GM. 2 000.—	(Rest von I, die überschießende 10% Aufwertung gemäß § 6 Absatz 2).
8. GM. 1 000.—	(Rest von II, die überschießende 10% Aufwertung gemäß § 6 Absatz 2).
9. GM. 2 200.—	(Rest von III, die überschießende 10% Aufwertung gemäß § 6 Absatz 2).
10. RM. 5 000.—	(V; die Reste von I, II, III gehen vor, weil V erst nach 1. 10. 1924 eingetragen ist. Außerdem hat noch 7 (GM. 2000.—) den Vorrang vor 3 und 5, und 8 (GM. 1000.—) den Vorrang vor 5.

Nach anderer Auffassung wird auch der dem Eigentümer vorbehaltene Rang aufgeteilt in einen Rangvorbehalt zu 15% hinter dem entsprechenden Aufwertungsteilbetrag der Hypothek und einen solchen zu 10% hinter dem restigen Aufwertungsbetrag der Hypothek.

XVI.

1. **Hat der Gläubiger die Hypothek an einen Dritten abgetreten,** und die Gegenleistung nach dem 14. Juni 1922 oder unter Vorbehalt der Aufwertung, falls Hypothek abgetreten ist

Rechte angenommen, so wird die Hypothek und die persönliche Forderung wie folgt aufgewertet:

a) Aufwertung des Erwerbspreises, den der Dritte bezahlt hat;

b) dahinter und hinter allen der Forderung zu a gleichstehenden oder nachfolgenden Rechten: Aufwertung des für den alten Gläubiger nach Abzug der Aufwertungssumme zu a etwa noch übrigbleibenden, für ihn maßgebenden Goldmarkbetrages.

2. Ist die Hypothek nach dem 13. 2. 1924 oder auf Grund der Rechtsverhältnisse Ziff. III, 1 b—l abgetreten, so erfolgt Aufwertung nur für den Erwerber, und zwar auf Grund des für den alten Gläubiger maßgebenden Goldmarkbetrags.

(Siehe Ziff. II, III).

3. **Anmeldung bei der Aufwertungsstelle muß bis 1. 1. 1926 erfolgt sein.**

(§§ 17, 18 II, 21.)

XVII.

Rang wieder einzutragender Hypotheken

Ist die aufzuwertende Hypothek im Grundbuch gelöscht, so ist der Aufwertungsbetrag **mit dem Range der alten Hypothek wieder einzutragen.**

Das gilt nicht, soweit der öffentliche Glaube des Grundbuches entgegensteht, soweit also andere Rechte für den gutgläubigen Erwerber nach Löschung der Hypothek eingetragen sind.

Als gelöscht gilt hierbei die Hypothek bereits dann, wenn in dem gesetzlich maßgebenden Zeitpunkt eine ordnungsmäßige Löschungsbewilligung oder löschungsfähige Quittung bereits erteilt war oder gleichzeitig erteilt wurde. Neueinträge **nach** dem 30. 6. 1925 müssen hinter die aufzuwertende gelöschte Hypothek jedoch zurücktreten. (Siehe e.)

Sind daher

a) seit Erteilung der ordnungsmäßigen Löschungsbewilligung bis 30. 6. 1925 andere Rechte eingetragen (Hypotheken ,Grundschulden, Grunddienstbarkeiten usw.), so hat die wieder einzutragende Hypothek ihren Rang hinter diesen.

Ist vor Wiedereintragung der aufzuwertenden Hypothek eine Gesamthypothek eingetragen worden, so wird jedoch auf Antrag von der Aufwertungsstelle festgesetzt, welche Teile der Gesamthypothek dem aufgewerteten Recht auf den einzelnen belasteten Grundstücken nachgehen müssen. Dieser Antrag kann nur bis

1. 1. 1926

gestellt werden.

b) Ist seit Erteilung der ordnungsmäßigen Löschungsbewilligung das Grundstück vor 1. 7. 1925 auf einen anderen, gutgläubigen Eigentümer übertragen, so kann der Gläubiger der wiedereinzutragenden Hypothek nur den persönlichen Schuldner, nicht mehr das Grundstück in Anspruch nehmen.

c) Die gelöschte Hypothek kann auch dann nicht wieder eingetragen werden, wenn sie durch den Zuschlag in der Zwangsversteigerung erloschen ist.

d) Belastungs- oder Eigentumsrechte, die vom Eigentümer, seinem Ehegatten und ihren nahen Verwandten nach dem 1. Januar 1925 erworben sind, gehen der wiedereinzutragenden Hypothek jedoch nur dann vor,

wenn sie vor 1. Juni 1925 auf einen gutgläubigen Nichtverwandten übergegangen sind, oder

wenn der Eigentümer, Ehegatte oder Verwandte nachweist, daß er beim Erwerb von einer Benachteiligungsabsicht zu Ungunsten des Gläubigers nichts wußte.

e) Seit dem 1. Juli 1925 erworbene Belastungs- oder Eigentumsrechte müssen hinter die wiedereinzutragende Hypothek zurücktreten.

f) Verfügungen des Eigentümers seit 1. Januar 1925 kann der Gläubiger des aufzuwertenden Rechtes

bis 31. Dezember 1925

in der gesetzlichen Form anfechten, wenn die Verfügungen dem andern Teil bekannte Schiebungen zu Ungunsten des Ranges der Hypothek des Gläubigers waren.

(§§ 20, 22.)

XVIII.

In die **Bilanz** einzusetzen ist die aufzuwertende Forderung mit 25% des Goldmarkbetrages, solange nicht höhere oder niedrigere Aufwertung vereinbart oder rechtskräftig festgesetzt ist. Bilanzierung

(§ 13.)

B

Aufwertung von Grundschulden, Rentenschulden und Reallasten

I.

Grundschulden

Für **Grundschulden** — auch Eigentümer-Grundschulden — gelten die gleichen Aufwertungsbestimmungen wie für Hypotheken, mit Ausnahme der §§ 9—13 des Aufwertungsgesetzes (Vorschriften über die Aufwertung der persönlichen Forderung). Es gilt daher auch für die Grundschulden:

Teil A

Ziffer I—III	(Ziffer IV gilt nicht);
Ziffer Vb	(Ziffer Va gilt nicht);
Ziffer VIb	(Ziffer VIa gilt nicht);
Ziffern VII—X	
Ziffern Xl 1, 2b, 3—5,	(Ziffer XI, 2a gilt nicht);
Ziffern XII—XVII	(Ziffer XVIII gilt nicht).

II.

Rentenschulden und Reallasten

1. Für **Rentenschulden** und **Reallasten** gelten sinngemäß die Vorschriften über die Aufwertung von Hypotheken, mit Ausnahme der §§ 9—13 des Aufwertungsgesetzes (Aufwertung der persönlichen Forderung) und der §§ 25 bis 30 (Vorschriften über die Rückzahlung, Verzinsung und Tilgung.)

Es gelten für Rentenschulden und Reallasten:

Teil A

Ziffern I—III	(Ziffer IV gilt nicht);
Ziffer Vb	(Ziffer Va gilt nicht);
Ziffer VIb	(Ziffer VIa gilt nicht);
Ziffern VII—X	(Ziffern XI 2a, XII, XIII gelten
Ziffern XI, 1, 2b, 3—5	nicht);
ZiffernXIV, 1, 2	(Ziffer XIV, 3—7 gilt nicht).
Ziffern XV—XVII	Ziffer XVIII gilt nicht.)

2. Wiederkehrende Leistungen, die auf Grund einer Rentenschuld oder Reallast geschuldet werden, sind im Jahre 1925 mit 40%, ab 1. Januar 1926 mit 60% und ab 1. Januar 1928 mit 100% des Aufwertungsbetrages der Jahresleistung zu bewirken.

Rückständige Leistungen gelten als erlassen.

(§ 31.)

3. Bei Aufwertung einer abgelösten Rentenschuld oder Reallast auf Grund Vorbehalt oder Rückwirkung ist der Goldmarkbetrag der Ablösungssumme auf die zunächst fällig werdenden Jahresleistungen anzurechnen.

(Artikel 28.)

4. Soweit der Grundstückseigentümer eine Hypothek oder Grundschuld im Range nach einer Rentenschuld oder Reallast auf Grund des § 7 des Aufwertungsgesetzes (siehe Abschnitt A Ziffer XV, 2) für sich eintragen lassen darf, gilt als Goldmarkbetrag der Rentenschuld oder Reallast ihre aufgewertete Ablösungssumme; ist für Reallasten keine Ablösungssumme bestimmt, so ist der Wert gemäß § 9 der Zivilprozeßordnung zu berechnen.

(Art. 13.)

II.

Für die Aufwertung von **Altenteilen** gelten nicht die Bestimmungen des neuen Aufwertungsgesetzes, sondern des „Gesetzes über die anderweitige Festsetzung von Geldbeträgen aus Altenteilsverträgen", vom 18. August 1923 (RGBl. I, Seite 815); Bayerische Verordnung über die anderweitige Festsetzung von Geldbezügen aus Altenteilsverträgen und von Versorgungsansprüchen aus gebundenen Familiengütern, vom 14. 12. 1923 (GVBl. Seite 390); Preuß. Verordnung v. 8. 9. 23 (Ges.-Sammlg. S. 433). Altenteile

(§ 1 Abs. 2.)

C

Aufwertung von Industrie-Obligationen und verwandten Schuldverschreibungen

I.

Aufwertungssatz

Aufwertungssatz:

15% des Goldmarkbetrages, zahlbar in Reichsmark. (§ 33; Art. 33 I).

Auch der Aufwertungsbetrag der für Industrieobligationen bestellten Hypotheken ist in Reichsmark einzutragen. (Art. 33 II.)

Der Reichsmarkbetrag ist als neuer Nennbetrag auf die Schuldverschreibung zu stempeln, oder es können (ohne staatliche Genehmigung) neue Urkunden über den Reichsmarkbetrag ausgegeben werden.

Neue Urkunden sind, soweit nicht Zahlungen seitens des Gläubigers erfolgen, wertpapiersteuerfrei, wenn sie gemäß Artikel 132 bis 134 der Durchführungsbestimmungen dem Finanzamt vorgelegt werden. (Art. 34, 131.)

II.

Goldmarkbetrag

Als **Goldmarkbetrag** gilt:

a) bei Ausgabe vor 1. Januar 1918: Der Nennbetrag;

b) bei Ausgabe nach dem 31. Dezember 1917: Der Nennbetrag, umgerechnet nach der Meßzahl des Ausgabetages. (Anlage zum Aufwertungsgesetz, abgedruckt S. 55 (§ 2).

Der Obligationsschuldner kann den sich ergebenden neuen Endbetrag von weniger als 10 RM. auf 10 RM., von mehr als 10 RM. auf den nächsten durch fünf oder zehn teilbaren Betrag aufrunden oder die Spitzenbeträge in bar zum Nennwert ablösen. (Art. 35.)

III.

Ausgabetag

Als **Ausgabetag** gilt

a) bei Schuldverschreibungen, auf denen **ein vor 1. 1. 1918 liegender Ausstellungstag** angegeben ist, dieser.

Ist der Gegenwert der Schuldnergesellschaft nach dem 31. 12. 1917 zur Verfügung gestellt worden, so kann jedoch Schuldner

bis 31. Januar 1926

bei der Goldbilanzspruchstelle am Kammergericht in Berlin anderweitige Feststellung des Ausgabetages beantragen. (Art. 30, 55 III.)

b) Ist bei einer Emission **ein nach dem 31. Dezember 1917 liegender Ausstellungstag** angegeben, und es sind

1. die Schuldverschreibungen von einer Bank oder einem Bankenkonsortium für eigene Rechnung übernommen und der gesamte Gegenwert dem Schuldner zu demselben Tage einmalig zur Verfügung gestellt worden, so ist dieser Tag, sind

2. die Schuldverschreibungen zur allgemeinen Zeichnung unter Festsetzung einer Zeichnungsfrist aufgelegt und sämtlich innerhalb dieser Frist abgesetzt worden, so ist der letzte Tag der Zeichnungsfrist der Ausgabetag,

Sind 3. die Schuldverschreibungen, auf denen ein nach dem 31. 12. 1917 liegender Ausgabetag angegeben ist,

aa) von einer Bank oder einem Bankenkonsortium für eigene Rechnung übernommen und der Gegenwert dem Schuldner zu verschiedenen Tagen zur Verfügung gestellt worden,

bb) durch eine Bank oder ein Bankenkonsortium für Rechnung des Schuldners abgesetzt worden,

cc) zur allgemeinen Zeichnung unter Festsetzung einer Zeichnungsfrist aufgelegt und zum Teil nach Ablauf der Zeichnungsfrist abgesetzt worden,

dd) zur allgemeinen Zeichnung unter Festsetzung verschiedener Zeichnungsfristen aufgelegt worden,

ee) ohne Vermittlung von Banken und ohne Festsetzung einer Zeichnungsfrist zur Zeichnung aufgelegt worden,

so wird der Ausgabetag wie folgt berechnet:

Die dem Schuldner zur Verfügung gestellten Papiermarkbeträge werden nach den für die Tage der Zurverfügungstellung maßgebenden Meßzahlen (abgedruckt Seite 55) in Goldmark umgerechnet. Der sich ergebende Gesamtbetrag wird durch die Zahl der ausgegebenen Schuldverschreibungen geteilt; hierbei sind Schuldverschreibungen mit größerem Nennbetrag als entsprechend mehrere Schuldverschreibungen mit dem kleinsten Nennbetrage einzusetzen. Es wird (siehe Seite 55 bis 57) nachgeschlagen, zu welcher Zeit auf den Papiermarknennbetrag einer Schuldverschreibung mit dem kleinsten Nennbetrag der errechnete Durchschnittsgoldmarkbetrag nach der Meßzahltabelle entfallen würde. Dieser Tag, und wenn in der Meßzahltabelle ein Zeitraum angegeben ist, der früheste Tag dieses Zeitraumes, gilt als Ausgabetag. Wenn das errechnete Verhältnis in der Meßzahltabelle nicht angegeben ist, gilt der früheste Tag des Zeitraums mit dem nächstkommenden Umrechnungsverhältnis, bei zwei gleich nahestehenden der früheste Tag des Zeitraumes mit dem für den Gläubiger günstigeren Umrechnungsverhältnis als Ausgabetag.

Beispiel: Der kleinste ausgegebene Nennbetrag ist PM. 1000.—; darauf treffen im Durchschnitt GM. 62.90. Als Ausgabetag gilt der 1. Juli 1921, und auf die Obligation von PM. 1000.— entfallen RM. 63.40 Goldmarkwert laut Meßzahltabelle Seite 55. — 15% hiervon = RM. 9,51, sind der Aufwertungsbetrag, der gemäß Ziff. II auch auf 10 RM. aufgerundet oder durch Barzahlung abgelöst werden kann.

Der **Schuldner hat** in den Fällen zu b **den Ausgabetag** selbst festzustellen, ihn unter Angabe der seiner Berechnung zugrunde liegenden Tatsachen **bis**

28. Februar 1926

im Deutschen Reichsanzeiger und in den Gesellschaftsblättern **bekannt zu machen** und dabei den Marknennbetrag der zur Zeit der Veröffentlichung in Umlauf befindlichen Schuldverschreibungen einschließlich der nach § 35 des Aufwertungsgesetzes aufzuwertenden Obligationen (vgl. Ziffer VII) anzugeben.

Erfolgt die Bekanntmachung nicht rechtzeitig oder nicht formgerecht, so kann jeder Gläubiger bis

30. April 1926

bei der (Goldbilanz-) Spruchstelle Feststellung des Ausgabetages beantragen.

Innerhalb 3 Monaten seit Bekanntmachung im Reichsanzeiger können überdies Gläubiger mit mindestens 5% des Gesamtmarknennbetrages der in Umlauf befindlichen Schuldverschreibungen bei der Spruchstelle anderweitige Feststellung des Ausgabetages beantragen.

Die Spruchstelle hat die einlaufenden Anträge im Reichsanzeiger auf Kosten der Antragsteller bekanntzugeben.

(Art. 31, 56.)

IV.

Spruchstellen

1. Die Goldbilanz-**Spruchstellen** sind gebildet:
   a) in Preußen:
      bei den Oberlandesgerichten (PrVO. vom 22. 11. 1924, Preuß. Gesetzsammlung Seite 737);
   b) in Bayern:
      für die Oberlandesgerichtsbezirke München, Augsburg, Nürnberg, Bamberg: beim Amtsgericht am Sitz des Oberlandesgerichts; für den Oberlandesgerichtsbezirk Zweibrücken: beim Amtsgericht in Ludwigshafen am Rhein.
      (Bayerische Vollzugsverordnung vom 15. 11. 1924 zur Goldbilanzverordnung; GVBl. Seite 228.)
2. Soweit eine Spruchstelle in Sachen der Obligationenaufwertung angerufen werden kann, ist zuständig

a) für Feststellung eines abweichenden Ausgabetages bei Obligationen, auf denen ein Ausgabetag v o r 1. Januar 1918 angegeben ist (Ziffer III a), die Goldbilanz-Spruchstelle beim Kammergericht in Berlin;

b) in den übrigen Fällen:

aa) wenn mehrere Anleihen des gleichen Schuldners an mehreren staatlich anerkannten Börsen zugelassen sind und der Schuldner im Gebiete einer dieser Börsen seinen Sitz hat:

die für den Bezirk dieser Börse zuständige Goldbilanz-Spruchstelle;

bb) sonst:

die von der obersten Landesbehörde oder der von ihr bestimmten Stelle zu bestimmende Goldbilanz-Spruchstelle;

kommen Börsen verschiedener Länder in Frage:

die vom Reichswirtschaftsminister zu benennende Goldbilanz-Spruchstelle.

Sind von mehreren Anleihen des Schuldners nicht sämtliche zum Handel an einer staatlich anerkannten Börse zugelassen, so gilt Ziff. 2, b, entsprechend.

(Art. 55.)

V.

Herabsetzung der Aufwertung

1. Der **Obligationsschuldner** kann in Rücksicht auf seine Wirtschaftslage zur Abwendung grober Unbilligkeit

bis 1. April 1926

bei der A u f w e r t u n g s s t e l l e **Herabsetzung** der Obligationsaufwertung unter 15% **beantragen,** jedoch nicht Hinausschiebung der Fälligkeit.

(§ 34, Art. 37 III.)

2. **Aufwertungsstelle** ist in Bayern und in Preußen das Amtsgericht, bei welchem der Schuldner seinen allgemeinen Gerichtsstand hat.

(Art. 117, 118.)

VI.

Eingetauschte Obligationen

H a t d e r G l ä u b i g e r (oder in den Fällen Abschnitt A III b—l, — Erbfall usw. — sein Rechtsvorgänger) d i e S c h u l d v e r s c h r e i b u n g e n auf Grund eines **Umtauschangebotes des Schuldners** Zug um Zug im Umtausch gegen eine andere Schuldverschreibung des gleichen Schuldners e r h a l t e n, so ist — wenn dies für den Gläubiger günstiger ist — für die Berechnung des Goldmarkbetrages der A u s g a b e t a g u n d d e r N e n n b e t r a g d e r i n U m t a u s c h g e g e b e n e n S c h u l d v e r s c h r e i b u n g e n maßgebend.

Im Streitfalle entscheidet die A u f w e r t u n g s s t e l l e.

(Artikel 32.)

VII.

Aufwertung eingelöster Obligationen

Ausgeloste oder gekündigte Obligationen werden zugunsten des Gläubigers aufgewertet, auch wenn bereits Abrechnung mit dem Schuldner oder Hinterlegung zugunsten des Gläubigers stattgefunden hat,

a) wenn sie sich noch im unmittelbaren oder mittelbaren Besitz des Gläubigers befinden, oder

b) wenn sie sich noch bei der Bank oder dem Bankier befinden, bei dem sie zur Einlösung eingereicht wurden, oder

c) wenn sie von der Bank seit dem 1. Juni 1925 an den Obligationsschuldner abgeliefert wurden.

Anmeldung des Herausgabeanspruchs zu b und c muß bis

30. Nov. 1925

bei der Stelle geschehen sein, bei der die Obligationen seinerzeit eingereicht sind.

(Art. 41.)

Wohnt der Gläubiger außerhalb Europas, so kann die Anmeldung bis

30. April 1926

erfolgen.

(Art. 42.)

Keine Aufwertung erfolgt zugunsten der Einlösungsbank zu b) und c).

Nostrobestände der Banken werden aufgewertet.

oder

d) wenn sich der Gläubiger bei Annahme der Leistung seine Rechte nachweisbar vorbehalten hat

(§ 35, Absatz 1—3, 5),

oder

e) wenn die Einlösung beim Schuldner nach dem 13. 2. 1924 erfolgt ist.

(§ 78.)

Da § 4 der Dritten Steuernotverordnung bereits 15% Aufwertung aus dem — allerdings nach dem nordamerikanischen Dollar zu berechnenden — Goldmarkbetrag vorsah, kommen Nachzahlungen bei Rückzahlungen nach dem 13. 2. 1924 praktisch kaum in Frage. Von Wichtigkeit ist hier jedoch die Aufrechterhaltung der Altbesitzrechte. (Vgl. Ziffer XI.)

VIII.

Gezahlte Einlösungsbeträge sind in Höhe ihres Goldmarkbetrages auf den Aufwertungsbetrag anzurechnen.

(§ 35, Abs. 4.)

IX.

1. **Verzinsung des Aufwertungsbetrages:**

   Verzinsung

   a) bis 1. 1. 1925 unverzinslich; rückständige Zinsen sind erlassen;
   b) vom 1. 1. bis 31. 12. 1925: 2% jährlich;
   c) vom 1. 1. 1926 bis 31. 12. 1927: 3% jährlich;
   d) vom 1. 1. 1928 ab: 5% jährlich.

2. Fälligkeit der Zinsen:
   a) für 1925 am 2. Januar 1926;
   b) für die späteren Jahre am 1. Juli für das laufende Kalenderjahr.

   Jedoch braucht die Zahlung nicht vor Ablauf eines Monats, nachdem die Feststellung des Ausgabetages endgültig geworden ist (vgl. Ziffer III) erfolgen.

   Lauten die Zinsscheine auf andere Fälligkeitstermine, so erfolgt die Zahlung zu den Terminen a und b auf die im letzten Teil des Kalenderjahres fälligen Zinsscheine.

   Ausgabe neuer Zinsscheine ist zwar gesetzlich nicht nötig, wird sich aber technisch kaum umgehen lassen.

   (§§ 36, 28; Artikel 38.)

3. Lautet der neue Obligationsnennbetrag auf weniger als 20 Reichsmark, so sind die Zinsen zuzüglich Zinseszinsen (Berechnung auf Grund des jeweiligen Reichsbankdiskontsatzes) erst bei Fälligkeit des Kapitals zu zahlen.

   Wer mehr als 20 Reichsmark solcher Obligationen beim Schuldner oder einer von diesem bezeichneten Stelle hinterlegt, kann jedoch Zahlung laufender Zinsen (nicht Zinseszinsen) beanspruchen.

   (Artikel 39.)

X.

Gesamtrückzahlung und Tilgung

1. **Fälligkeit des Aufwertungsbetrages** nicht vor 1. Januar 1932.
2. Tilgung gemäß dem früheren Vertrag beginnt wieder am 1. Januar 1926; Fälligkeit der Tilgung ergibt sich aus der alten Obligation.
3. Auslosungen und sonstige Rückzahlungen, die nach den alten Ausgabebedingungen vor 1. 1. 1932 fällig wären, können jedoch in das Jahr 1931 verschoben werden.
4. Schuldner ist berechtigt, den Aufwertungsbetrag drei Monate nach Kündigung jederzeit vor 1. Januar 1932
   a) zum Nennbetrag der Aufwertungssumme heimzuzahlen,
   b) nach Einholung der Genehmigung der Spruchstelle wie folgt abzulösen.

Die Spruchstelle bestimmt den Barwert des Aufwertungsbetrages zuzüglich der zu verrechnenden Zinsen (siehe Ziffer IX) bis zur ursprünglichen Fälligkeit oder bis zum ursprünglich bestimmten Tag, an dem Schuldner erstmalig zurückzahlen kann, und rechnet einen Diskont zugunsten des Schuldners ab, der bis zur anderweitigen Regelung durch die Reichsregierung 9% jährlich beträgt.

Eine Tabelle der sich hiernach ergebenden Barwerte für die am 1. Januar 1932 fällig werdenden Ansprüche ist als Anlage II zur Durchführungsverordnung (RGBl. I Nr. 51 Seite 411) abgedruckt.

Das Genußrecht (Ziffer XII) wird durch die Heimzahlung und die Barablösung der Schuldverschreibungen nicht berührt.

(§§ 36, 25, 28, 29; Artikel 36, 37.)

XI.

Altbesitzer ist,

Altbesitz

a) wer Industrie-Obligationen oder verwandte Schuldverschreibungen **vor dem 1. Juli 1920** erworben hat und sie auch noch bei der Anmeldung (siehe XV) besitzt.

(§ 37)

Schuldverschreibungen gelten auch dann als vor dem 1. Juli 1920 erworben, wenn sie

b) dem Gläubiger nach dem 30. Juni 1920 zur Erfüllung eines vor dem 1. Juli 1920 begründeten Anspruchs auf Uebereignung von einer Bank, einem Bankier, einer Sparkasse oder einer Versicherungsgesellschaft übereignet worden sind,

c) der Gläubiger von einer Bank, einem Bankier oder einer Sparkasse nach dem 30. Juni 1920 in Erfüllung eines darlehensartigen Verwahrungsvertrages übereignet erhalten hat, falls er der Bank, dem Bankier oder der Sparkasse auf Grund des gleichen Vertrages vor dem 1. Juli 1920 erworbene Schuldverschreibungen übergeben hat und der Anspruch auf Uebereignung von Schuldverschreibungen gleicher Art und gleichen Betrags von dieser Uebergabe bis zum Erwerb ununterbrochen bestanden hat.

(§ 38 Ziff. 1 und 2)

Altbesitzer ist ferner auch

d) wer nach 30. Juni 1920 die Obligationen durch Erbfall, Gütergemeinschaft, Erbenauseinandersetzung, Ausstattung ,Uebergabsvertrag, Schenkung, Treuhandverhältnis usw. erworben hat und sie jetzt noch besitzt, wenn der Rechtsvorgänger (Erblasser, einbringende Ehegatte, Uebergeber, Schenker usw.) die Obligationen vor 1. Juli 1920 erworben hatte.

(§ 38, Ziffer 3).

XII.

1. Für die **Altbesitzer** ist mit dem 1. Juli 1925 neben der Aufwertung auf 15% ein **Genußrecht** entstanden. Genußrecht
2. **Nominalbetrag** des Genußrechtes: **10**% des Reichsmarkbetrages der Schuldverschreibungen.

   (§ 37; Art. 51.)
3. Der Schuldner hat entweder

   a) über das Genußrecht auf den Inhaber oder — bei Orderschuldverschreibungen — an Order lautende Genußscheine auszugeben.

   Nennbetrag durch 10 teilbar,
   mindestens 20 Reichsmark;

   Spitzenbeträge durch Zahlung des Nennbetrages abzulösen;

   Vermerk der Genußscheinausgabe auf den Schuldverschreibungen, falls nicht auch neue Schuldverschreibungen ausgegeben werden.

   (§ 43 Ziff. 1; Art. 52.)

   oder

   b) eine Zusatzaufwertung in Höhe des Wertes der Genußrechte zur Zeit der Gewährung der Zusatzaufwertung zu geben, (Abstempelung der Schuldverschreibungen statt auf 15% des Goldmarkwertes auf den entsprechenden höheren Prozentsatz)

   oder

   c) das Genußrecht durch Barzahlung seines Wertes abzulösen.

   Ob das Angebot des Schuldners dem Wert entspricht, entscheidet in den Fällen b und c die Goldbilanzspruchstelle.

   (§ 43 Ziffer 2).

   oder

   d) die Genußrechte durch Zahlung ihres Nennwertes abzulösen.

   (§ 43 Ziffer 3).
4. Bekanntmachung, in welcher Form das Genußrecht gewährt wird, hat Schuldner spätestens 3 Monate nach Ablauf des am 31. Dezember 1925 oder später endigenden Geschäftsjahres im Deutschen Reichsanzeiger und den anderen für die Veröffentlichungen des Schuldners bestimmten Blättern zu erlassen.

5. Ob Schuldner Ablösung des Genußrechtes zum Kurswert oder Nennwert oder durch Zusatzaufwertung vornehmen will, kann er innerhalb 3 Monaten nach Ablauf jedes Geschäftsjahres in den gleichen Blättern bekanntgeben.

(§ 44).

XIII.

Rückwirkung für zurückbezahlten Altbesitz

Auch für Altbesitzschuldverschreibungen, die nach dem 13. 2. 1924 zurückbezahlt sind, ist das Genußrecht nachträglich zu gewähren.

(§ 45).

XIV.

Inhalt des Genußrechtes

Das Genußrecht bedeutet:

a) **Beteiligung am Reingewinn**, — erstmalig mit Beginn des am 31. 12. 1925 oder später endigenden Geschäftsjahres, wie folgt:

Vorweg gehen 6% Dividende vom gewinnberechtigten Gesamtkapital an die Gesellschafter.

Auf je weitere 1% Gesellschaftsdividende kommen 2% Ausschüttung aus dem Genußrechtsnennbetrag an die Gesamtheit der Genußrechtsinhaber.[1])

Jährliche Höchstausschüttung an die Genußrechtsinhaber: 6% des Genußrechtsnennbetrages.

Von der Ausschüttung an die Genußrechtsinhaber sind zu verwenden die Beträge:

aa) bis zum ursprünglichen Zinssatz der Schuldverschreibungen, höchstens 5% aus dem Genußrechtsnennbetrag: zur Verzinsung;

bb) der Rest: zur Tilgung durch Auslosung zum Nennwert; die Auslosung braucht während zweier Geschäftsjahre nur einmal stattzufinden.

(§ 40).

b) Beeinträchtigung der Genußrechte durch Kapitalerhöhungen „und sonstige Maßnahmen" ist verboten.

(§ 41).

c) **Bei Liquidation des Schuldner-Unternehmens** kommen auf je 1% Ausschüttung an die Gesellschafter 2% Ausschüttung an die Genußrechtsinhaber aus dem Genußrechtsnennbetrag bis zur Tilgung des Genußrechtsnennwertes.[2])

(§ 2).

---

[1]) Bestritten! Einzelne Kommentatoren des Aufw.-Gesetzes verlangen, daß „auf je weitere 1% Gewinnausschüttung aus dem Gesellschaftskapital das Doppelte dieser Ausschüttung (bis zum Höchstbetrag von 6% des Genußrechtsnennbetrags) den Inhabern der Genußrechte bezahlt werden muß."

[2]) Ueber die Tragweite dieser Bestimmung bestehen in der Literatur zum Aufw.-Ges. in gleicher Weise voneinander abweichende Anschauungen wie zu a); vgl. Fußnote [1]).

XV.

1. Aufforderung.

Schuldner hatte die Obligationsaltbesitzer spätestens bis 30. September 1925 im Deutschen Reichsanzeiger und den anderen für seine Veröffentlichungen bestimmten Blättern zur Geltendmachung der Altbesitzansprüche und Einreichung der Beweismittel bei ihm oder einer von ihm bestimmten Stelle aufzufordern. Für die Ausschreibung ist durch Verordnung vom 29. 8. 1925 (Deutscher Reichsanzeiger Nr. 202 vom 29 .8. 25) eine bestimmte Form vorgeschrieben. Anmeldung des Altbesitzes

2. Anmeldefrist:

Ein Monat (für Gläubiger mit Wohnsitz oder gewöhnlichem Aufenthalt außerhalb Europas: 4 Monate) seit Erscheinen der Aufforderung durch den Schuldner im Deutschen Reichsanzeiger.

(§ 39, Art. 50 II.)

3. Frist für Beibringung der Beweismittel:

Zwei Monate (für Gläubiger mit Wohnsitz oder gewöhnlichem Aufenthalt außerhalb Europas: 5 Monate) seit Erscheinen der Aufforderung im Reichsanzeiger.

(§ 39, Art. 50 II.)

Wenn Herausgabeansprüche gemäß Ziff. VII b, c angemeldet sind, tritt der Verlust des Anspruchs auf Genußrechte frühestens einen Monat nach Herausgabe der Schuldverschreibungen an den Anmeldenden, und im Fall der Klageerhebung frühestens einen Monat nach rechtskräftiger Entscheidung ein.

(Art. 50 I.)

4. Als Beweismittel können dienen:

Ankaufsbestätigungen und -noten, Depotbestätigungen, Nummernverzeichnisse, sonstige Korrespondenzen, aus denen der Besitz aus der Zeit vor dem 1. Juli 1920 bis zur Anmeldung ersichtlich ist, ferner: Versicherungen an Eidesstatt vor Gericht oder Notar.

(Art. 49.)

5. Altbesitzschuldverschreibungen

sind vom Schuldner durch Stempelaufdruck kenntlich zu machen, falls nicht neue Schuldverschreibungen und Genußscheine ausgegeben werden.

(Art. 52.)

D

Aufwertung von Pfandbriefen und verwandten Schuldverschreibungen

I.

Ansprüche aus Pfandbriefen

Ansprüche aus Pfandbriefen (auch aus Rentenbriefen, Kommunal-Obligationen, anderen verzinslichen oder an Stelle der Verzinsung mit einem Aufgeld rückzahlbaren Schuldverschreibungen oder aus für Grundkredit oder Kommunalkreditzwecke aufgenommenen verbrieften Darlehen von Grundkreditanstalten, privatrechtlichen Kommunalkreditanstalten, von Schiffsbeleihungsbanken, sowie von Ablösungsanstalten) werden in der Weise aufgewertet, daß die

Teilungsmasse

gleichmäßig unter die Gläubiger im Verhältnis der Goldmarkbeträge ihrer Ansprüche verteilt wird.

(§ 47.)

II.

Goldmarkbetrag

1. Als **Goldmarkbetrag** gilt:
   a) bei Ausgabe vor 1. Januar 1918: der Nennbetrag;
   b) bei Ausgabe nach dem 31. Dezember 1917: der Nennbetrag, umgerechnet nach der Meßzahl des Ausgabetages (Anlage zum Aufwertungsgesetz, abgedruckt Seite 55). — Ausnahme siehe 2 b.

   (§ 2.)

Ausgabetag

2. a) Als Ausgabetag jeder Serie oder jedes Jahrganges gilt der Tag, an dem der staatliche Treuhänder zuerst Schuldverschreibungen dieser Serie oder dieses Jahrganges mit der Bescheinigung über das Vorhandensein der vorschriftsmäßigen Deckung versehen hat.
   b) Verteilt sich jedoch die Ausgabe einer Serie oder eines Jahrganges auf verschiedene Zeitpunkte, die ganz oder teilweise nach dem 31. Dezember 1917 liegen, so kann die staatliche Aufsichtsbehörde auf Antrag der Bank das Goldmarkumrechnungsverhältnis nach einer von der Bank auf Grund der verschiedenen Ausgabetage aufzustellenden Berechnung festsetzen.

   (Art. 79, 92, 93.)

III.

Teilungsmasse

Die **Teilungsmasse** setzt sich im wesentlichen zusammen aus den früher zur Deckung gehörigen und den neuerdings zur Deckung hinzukommenden Werten, sowie einem etwa aus dem sonstigen Vermögen des Schuldners zu leistenden Beitrag abzüglich des der Bank zukommenden Verwaltungskostenbeitrags.

(§ 48, Art. 77.)

Für Pfandbriefe, Kommunalobligationen und Kleinbahnobligationen werden verschiedene Teilungsmassen gebildet.

(Art. 92.)

Die Bank kann mit Bewilligung der Aufsichtsbehörde auch für verschiedene Ausgaben von Pfandbriefen oder Kommunalobligationen usw. gesonderte Teilungsmassen bilden.

(Art. 89, 93.)

Die Teilungsmasse ist von der Bank gesondert von ihrem sonstigen Vermögen zu verwalten.

(Art. 59, 92, 93.)

Im Februar (für den vorhergehenden 31. Dezember) und im August (für den vorhergehenden 30. Juni) jeden Jahres, erstmals bis 30. April 1926, hat die Bank im Deutschen Reichsanzeiger und in den Gesellschaftsblättern bekannt zu machen:

a) den Gesamt-Goldmarkbetrag der an der Verteilung teilnehmenden Pfandbriefe und anderen Schuldverschreibungen;

b) den Gesamtbestand der Teilungsmasse.

Dabei sind Hypotheken, Grundschulden und Reallasten, soweit nicht die Aufwertung bereits rechtskräftig anderweit festgesetzt oder vereinbart ist, mit 25% des Goldmarkbetrages anzusetzen.

(Art. 60, 92, 93.)

Es besteht Gefahr, daß die durch die Durchführungsbestimmungen in dieser Form vorgeschriebenen Veröffentlichungen bei den Pfandbriefgläubigern unerfüllbare Hoffnungen erwecken. Der tatsächliche Gesamtwert der zur Teilungsmasse gehörigen Hypotheken wird weniger als 25% des Goldmarkbetrags ausmachen. Wertmindernd wirken die zwischenzeitlichen Einträge für Dritte, die den auf Grund Rückwirkung und Vorbehalts wiedererstehenden Hypotheken der Teilungsmasse und bei bestehenden Hypotheken der Nachtrags-Aufwertung von 10% vorgehen; auch der Ausfall durch Herabsetzung von Aufwertungsbeträgen in besonderen Härtefällen ist zu berücksichtigen. (Siehe Abschn. A Ziff. V, XI, XV, 4, XVII.)

IV.

Aufwertung eingetauschter Pfandbriefe

Hat der Gläubiger — oder in den Fällen des Abschnitts A III b bis l sein Rechtsvorgänger (Erblasser, Schenker) — die Pfandbriefe, Kommunalobligationen usw. auf Grund eines **Umtauschangebotes** des Hypothekeninstitutes Zug um Zug in Umtausch gegen andere Pfandbriefe, Kommunalobligationen usw. erhalten, so kann er **bis**

30. Juni 1926

bei dem Hypothekeninstitut verlangen, daß bei Aufwertung seiner Pfandbriefe usw. der Goldmarkbetrag der in Umtausch gegebenen Pfandbriefe usw. berücksichtigt wird.

Bereits gestellte Anträge müssen nicht wiederholt werden. Sind die auf Grund des Umtauschangebotes des Hypothekeninstituts gegeneinander umgetauschten Pfandbriefe von verschiedenen Hypothekenbanken ausgegeben, oder sind Pfandbriefe gegen Kommunalobligationen usw. umgetauscht oder umgekehrt, so kann die Aufsichtsbehörde einen Ausgleich zwischen den Teilungsmassen anordnen. (Art. 80, 92 III, 93.)

V.

Vorbehalt, Rückwirkung

1. **Trotz Bewirkung der Leistung** ist der Gläubiger bei der Verteilung zu berücksichtigen, wenn er sich bei der Annahme der Leistung seine Rechte nachweisbar vorbehalten hat. (§ 49.)

2. Auch wenn bereits eine Abrechnung mit dem Schuldner stattgefunden hat, werden aufgewertet:

   a) gekündigte und ausgeloste Schuldverschreibungen, die sich noch im unmittelbaren oder mittelbaren Besitz des Gläubigers befinden;

   b) Schuldverschreibungen, die bei Banken, Bankiers usw. zur Einlösung eingereicht sind und sich noch bei der Bank befinden, oder seit 1. Juni 1925 an die Schuldnergesellschaft ausgeliefert sind.

Anmeldung des Herausgabeanspruches zu b muß **bis**

30. April 1926

bei der Stelle geschehen, bei der die Schuldverschreibungen seinerzeit eingereicht sind.

Die Anmeldung soll enthalten:

Name, Wohnort und Wohnung des Einreichenden, Zeitpunkt der Einreichung, Bezeichnung der Schuldverschreibungen nach Zahl der Stücke, Nennwert, Schuldnergesellschaft, Ausgabejahr, Zinssatz, Serie und Nummer, und, wenn der Anmeldende nicht der Einreichende gewesen ist, auch Angabe über die Berechtigung des Anmeldenden zur Geltendmachung des Anspruches. Beweisstücke (Quittungen, Nummernverzeichnis usw.) sind beizufügen oder zu bezeichnen. Die Stelle, bei der die Anmeldung erfolgt, hat sie unverzüglich an die Einlösestelle zur Prüfung weiterzugeben.

Wird der Herausgabeanspruch von der Bank abgewiesen, und ist hiergegen nicht bis 30. Juni 1926 Klage erhoben, so ist die Schuldverschreibung von der Einlösebank am 1. Juli 1926 an die Hypothekenbank zur Vernichtung abzuliefern. (Nostro-Bestände der Einlösebanken werden aufgewertet.)

Hat Gläubiger seinen Wohnsitz oder gewöhnlichen Aufenthalt außerhalb Europas, so kann die Anmeldung bis

31. Juli 1926

und Klageerhebung im Falle der Abweisung des Anspruches bis 30. September 1926 erfolgen.

(§ 49; Art. 61—66, 92, 93.)

3. Gezahlte Beträge sind in Höhe ihres Goldmarkbetrages auf den Aufwertungsbetrag anzurechnen.

(§ 49.)

VI.

Aufwertung eigener Pfandbriefe des Hypothekeninstituts

Das Hypothekeninstitut nimmt mit den Pfandbriefen und sonstigen Schuldverschreibungen, die mit verfügbaren Mitteln angekauft sind oder die ihm als Verwaltungskostenbeitrag gehören, an der Teilungsmasse teil, jedoch nicht mit Pfandbriefen, die im Wege des Umtausches gegen andere Pfandbriefe oder der Einlösung oder bei Rückzahlung von Hypotheken in seinen Besitz gekommen sind.

(Art. 81, 82, 92, 93.)

VII.

Ausschüttung

1. Mit der **Verteilung der Teilungsmasse** wird begonnen, sobald nach der Entscheidung der Aufsichtsbehörde hinreichende bare Masse vorhanden ist.

(Art. 83.)

2. Soweit diese noch nicht vorhanden ist, soll die Hypothekenbank bei Zustimmung der Aufsichtsbehörde den Gläubigern

Goldpfandbriefe

aushändigen, die

a) auf Goldmark lauten, (1 Goldmark = amtlicher Preis von $^{1}/_{2790}$ kg Feingold);

b) mit mindestens 4,5% jährlich zu verzinsen und

c) aus den bei der Bank auf die Deckung eingehenden Rückzahlungen durch Auslosung zum Nennwert einzulösen sind.

Die Goldpfandbriefe sind in Höhe ihres Nennbetrages auf den endgültigen Verteilungsanteil anzurechnen. Sie sind wertpapiersteuerfrei, wenn sie gemäß Artikel 132—134 dem Finanzamt vorgelegt werden.

(Art. 84, 92, 93, 131.)

3. Bietet die Bank den Gläubigern mit Zustimmung der Aufsichtsbehörde Goldpfandbriefe (Ziffer 2) oder andere Werte als Abfindung an, so gilt das Angebot als von allen Gläubigern angenommen, wenn es

a) dreimal im Deutschen Reichsanzeiger eingerückt ist;

b) seit der letzten Einrückung drei Monate verstrichen sind und

c) nicht Gläubiger mit zusammen mindestens 15% der sämtlichen bei der Verteilung zu berücksichtigenden Goldmarkansprüche ihre Pfandbriefe bei einem Notar oder einer amtlichen Hinterlegungsstelle hinterlegt und unter Uebersendung einer Hinterlegungsbescheinigung, die den Nennbetrag, die Nummern und Serien der hinterlegten Pfandbriefe enthält, schriftlich bei der Aufsichtsbehörde widersprochen haben; die Rückgabe der Schuldverschreibungen ist bis zum Ablauf der Frist ausgeschlossen.

(Art. 85, 92, 93.)

4. Den Anteil, der auf die innerhalb drei Monaten nach dreimaliger Aufforderung zur Geltendmachung von Ansprüchen nicht vorgelegten Pfandbriefe usw. entfällt, kann die Bank hinterlegen.

(Art. 87, 92, 93.)

VIII.

Rückzahlung von Hypotheken in Pfandbriefen und Goldpfandbriefen

Wegen der Möglichkeit der **Rückzahlung von Hypotheken** der Teilungsmasse **in Papiermarkpfandbriefen und in Goldpfandbriefen** siehe Abschn. A Ziff. XIV, 4—7.

IX.

Zinsscheine der Pfandbriefe und Kommunalobligationen usw. werden nicht eingelöst; neue Zinsscheine werden nicht ausgegeben.

(Art. 78, 92, 93.)

X.

Das Gesetz betreffend die gemeinsamen Rechte der Besitzer von Schuldverschreibungen vom 4. Dezember 1899 (RGBl. Seite 691) findet auf die aufzuwertenden Pfandbriefe und anderen Schuldverschreibungen keine Anwendung.

(Art. 88, 92, 93.)

XI.

Rechte des Altbesitzes

Vorrechte des Altbesitzes sind nicht vorgesehen.

E

Aufwertung von Schuldverschreibungen der Genossenschaften des öffentlichen Rechts und verwandter Körperschaften als Unternehmer wirtschaftlicher Betriebe

I.

Schuldverschreibungen, die von juristischen Personen des öffentlichen Rechts als Unternehmer wirtschaftlicher Betriebe ausgegeben sind, (z. B. Obligationen von Entwässerungs- und Bewässerungsgenossenschaften, Wald-, Elektrizitätsgenossenschaften, Deichverbänden u. dgl.), werden auf

15%

des Goldmarkbetrages aufgewertet.

(§ 51.)

II.

Schuldner kann bis 1. April 1926 bei der Aufwertungsstelle Herabsetzung der Aufwertung verlangen, wenn dies mit Rücksicht auf seine wirtschaftliche Lage zur Abwendung einer groben Unbilligkeit unabweisbar erscheint.

(§ 52.)

III.

1. Trotz Bewirkung der Leistung ist der Gläubiger bei der Verteilung zu berücksichtigen, wenn er sich bei der Annahme der Leistung seine Rechte nachweisbar vorbehalten hat.
2. Auch wenn bereits eine Abrechnung mit dem Schuldner stattgefunden hat, werden aufgewertet:
   a) gekündigte und ausgeloste Schuldverschreibungen, die sich noch im unmittelbaren oder mittelbaren Besitz des Gläubigers befinden;
   b) Schuldverschreibungen, die bei Banken, Bankiers usw. zur Einlösung eingereicht sind und sich noch bei der Bank befinden, oder seit 1. Juni 1925 an den Schuldner ausgeliefert sind.

Anmeldung des Herausgabeanspruches zu b muß, soweit von öffentlich-rechtlichen Grundkredit- und Ablösungsanstalten ausgegebene Pfandbriefe usw. in Frage kommen, bis

30. April 1926

in gleicher Weise wie bei Pfandbriefen von privatrechtlichen Hypothekeninstituten (Abschnitt D Ziffer V, 2) bei der Stelle geschehen, bei der die Schuldverschreibungen seinerzeit eingereicht sind.

Keine Aufwertung erfolgt zu Gunsten der Einlösungsbank zu b. Nostro-Bestände der Banken werden aufgewertet.

3. Gezahlte Beträge sind in Höhe ihres Goldmarkbetrages auf den Aufwertungsbetrag anzurechnen.
(§ 53; Art. 94.)

IV.

Vorrechte für den Altbesitz sind nicht vorgesehen.

V.

Verzinsung, Rückzahlung und Tilgung:
Wie bei Hypotheken!
(Vgl. Abschnitt A XII, 1, 3, 6, XIII, 1, 3, 5.)
Die Reichsregierung kann anderes bestimmen.
(§ 54.)

VI.

Die Länder sind ermächtigt, die Aufwertung von Schuldverschreibungen öffentlich-rechtlicher Kreditanstalten wie die Aufwertung aus Pfandbriefen (unter Bildung einer Teilungsmasse) zu regeln und alle hierzu erforderlichen Durchführungsvorschriften zu erlassen.
(§ 51, Art. 94.)

F

Aufwertung von Sparkassenguthaben

Sparkassenguthaben bei **öffentlichen** oder **unter Staatsaufsicht stehenden Sparkassen** werden in der Weise aufgewertet, daß die **Teilungsmasse** von einem Treuhänder unter die Gläubiger verteilt wird.

Der bei der Verteilung auf die Sparguthaben entfallende Betrag soll mindestens 12½% des Goldmarkbetrages erreichen, möglichst aber dem Aufwertungssatz entsprechen, der sich für die Anleihen des Schuldners oder seiner Garanten ergibt.

(§ 55.)

Die Teilungsmasse besteht aus dem aufgewerteten Sparkassenvermögen und einem etwa aus dem sonstigen Vermögen des Schuldners oder durch den Garanten zu leistenden Beitrag unter Abzug eines etwa zu den Verwaltungskosten zu gewährenden Beitrages. Teilungsmasse

(§ 56.)

Bereits ausgezahlte Guthaben werden bei der Verteilung berücksichtigt, wenn der Gläubiger sich bei der Annahme der Leistung seine Rechte nachweisbar vorbehalten hat. Rückwirkung

(§ 57.)

Die Obersten Landesbehörden sind sehr weitgehend ermächtigt, Ausführungsvorschriften zu erlassen. Ausführungsvorschriften

(§ 58.)

Gemäß der preußischen Durchführungsverordnung vom 20. 10. 1925 (Preuß. Gesetzsammlung Seite 131) erfolgt die **Aufwertung bei preußischen Sparkassen** unabhängig von der Vermögenslage der Sparkasse einheitlich zu einem Aufwertungssatz von

12½%

des Goldmarkbetrages der Sparguthaben.

Den etwaigen Fehlbetrag hat der Gewährleistungsverband der preuß. Sparkasse nachzuschießen; nicht leistungsfähige Sparkassen erhalten u. U. Unterstützung aus einem durch leistungsfähige Sparkassen zu bildenden Ausgleichsstock.

Wertet der Gewährleistungsverband einer preußischen Sparkasse eine seiner Markanleihen mit mehr als 2½% auf oder zahlt er bei Tilgung der für seine Markanleihe ausgegebenen Ablösungsanleihe mehr als 12½%, ohne durch § 11 des Anleiheablösungsgesetzes vom 16. 7. 1925 (RGBl. I Seite 137) dazu gezwungen zu sein, so gilt der hierbei gezahlte höhere Prozentsatz auch für die Sparguthaben der Sparkasse.

G

Aufwertung von Versicherungsansprüchen

Ansprüche der Versicherten aus **Lebensversicherungsverträgen,** (auch aus Kapitalversicherungen, Rentenversicherungen, Invaliditäts-, Alters-, Witwen-, Waisen-, Aussteuer- und Militärdienstversicherung), ferner aus solchen **Kranken-, Unfall-, Haftpflicht**versicherungsverträgen, für die ein Prämien-Reservefonds im Sinne des Versicherungsaufsichtsgesetzes zu bilden war, (mit Ausnahme von Ansprüchen aus Haftpflichtverträgen mit unbegrenzter Deckung) werden in der Weise aufgewertet, daß das **aufgewertete Vermögen** der Versicherungsunternehmung nebst einem etwa aus dem sonstigen Vermögen des Schuldners zu leistenden Beitrag von einem Treuhänder nach Abzug der Verwaltungskosten zu Gunsten der Versicherten verwendet wird.

I.

Die Ansprüche müssen aus vor dem 14. 2. 1924 begründeten Rechtsverhältnissen herrühren, und die Zahlung einer Geldsumme in Mark oder einer anderen alten inländischen Währung zum Gegenstand haben.

(Art. 95.)

In den Aufwertungsstock fließt im allgemeinen das gesamte aufgewertete Vermögen der Versicherungsunternehmung, das ihr am 13. 2. 1924 gehörte, soweit es nicht verpfändet oder gemäß § 57 Absatz 1 Satz 2 des Versicherungs-Aufsichtsgesetzes als besondere Sicherheit gestellt ist.

(Art. 97 III.)

Kommen bei einer Unternehmung mehrere Versicherungszweige in Betracht, so werden auf Antrag des Treuhänders die Vermögenswerte auf die verschiedenen Versicherungszweige im Verhältnis der Goldmarkbeträge der auf sie entfallenden technischen Reserven verteilt.

(Art. 102.)

Bestehen unzureichend gedeckte Fremdwährungs-Versicherungen, so entfällt auch auf sie ein Teil des Aufwertungsstocks im Verhältnis der auf sie entfallenden technischen Reserven.

(Art. 109.)

Trotz der Bewirkung der Leistung nimmt der Gläubiger an der Verteilung des Aufwertungsstocks teil

a) wenn er sich bei der Annahme der Leistung seine Rechte nachweisbar vorbehalten hat,

b) wenn er, auch ohne Vorbehalt, die Leistung seit 15. Juni 1922 angenommen hat.

(§§ 59, 60, 78.)

II.

Der Treuhänder verwaltet den Aufwertungsstock, stellt den Teilungsplan auf und kann daraus Vorschüsse an die Versicherten zahlen.

(Art. 103.)

Die Aufsichtsbehörde stellt den Bestand und den Teilungsplan fest.

(Art. 107.)

III.

1. a) Für nicht fällige Versicherungsansprüche wird vom Treuhänder eine beitragsfreie oder beitragspflichtige Versicherung auf Reichsmark im Teilungsplan berechnet; der Versicherungsablauf kann bis Ende 1932 hinausgeschoben werden; dies gilt nicht für den aus neuen Prämienzahlungen sich ergebenden Teil der Versicherungssumme.

   Bei Rückkauf ist dem Versicherungsnehmer die volle Prämienreserve aus der durch die Aufwertung hergestellten Versicherung zu gewähren.

   Das neu berechnete Versicherungsverhältnis gilt nur dann als vereinbart, wenn die nach dem Teilungsplan zu zahlende erste Prämie fristgemäß bezahlt wird. Andernfalls wird der Aufwertungsanteil ausgezahlt oder beitragsfreie Reichsmarkversicherung auf Grund des Aufwertungsbetrages gewährt.

   b) Auch die Auszahlung des auf fällige oder nach dem Teilungsplan vor 1933 fällig werdende Versicherungs-Ansprüche entfallenden Aufwertungsbetrags kann — mit Genehmigung der Aufsichtsbehörde — bis 31. Dez. 1932 verschoben werden.

   Finden Zahlungen statt, so sind ältere Bezugsberechtigte, insbesondere aus Rentenversicherungen, zu bevorzugen.

   (Art. 103.)

2. Seit 1. 1. 1919 abgeschlossene Versicherungen können besonders geregelt werden. Es kann dem Versicherungsnehmer insbesondere an Stelle seiner bisherigen Versicherung eine neue beitragspflichtige Versicherung mit einem von der Aufsichtsbehörde festgesetzten Mindestbeitrag unter Berücksichtigung seines Aufwertungsanteils angeboten werden. Bei Ablehnung bare Auszahlung des Aufwertungsanteils oder entsprechende beitragsfreie Versicherung nach Wahl der Unternehmung.

   (Art. 104.)

3. *Bleibt der Aufwertungsanteil unter einem* von der Aufsichtsbehörde festzulegenden *Mindestbetrag*, so wird er bar ausbezahlt. Entfallen auf Versicherungen von mehr als Papiermark 2000.— weniger als Reichsmark 10.—, auf andere Versicherungen weniger als Reichsmark 3.—, so kann an Stelle der Auszahlung aus solchen Anteilen ein Härtefonds für die Versicherten gebildet werden, aus dem vor allem Bezugsberechtigte in höherem Lebensalter, insbesondere aus Rentenversicherungen bedacht werden sollen.
(Art. 105.)

IV.

1. *Nach Genehmigung des Teilungsplans* durch die Aufsichtsbehörde *geht die Verwaltung* des Aufwertungsstocks und die Ausführung des Teilungsplans *wieder an die Unternehmung über.*
(Art. 108.)

2. Die Aufsichtsbehörde *kann* auf Antrag der Unternehmung oder des Treuhänders *eine Ausschlußfrist für die Anmeldung* der im Tilgungsplan zu berücksichtigenden Ansprüche *festsetzen*; sie ist nach näherer Bestimmung der Aufsichtsbehörde auszuschreiben.
(Art. 111.)

V.

Bei *kleineren Versicherungsvereinen* kann von der Bestellung eines Treuhänders abgesehen werden; der Geschäftsplan zur Verteilung des Aufwertungsstocks wird dann vom Vorstand und Aufsichtsrat aufgestellt; ist kein Aufsichtsrat vorhanden, vom Vorstand allein. Er unterliegt der Genehmigung der Aufsichtsbehörde.
(Art. 112.)

VI.

Die *Aufsichtsbehörde* erläßt die Bestimmungen über

a) Durchführung der Berechnung und Verwaltung des Aufwertungsstocks (Art. 96, 101 III);
b) Bildung eines besonderen Aufwertungsstocks, wenn Versicherungsbestände anderer Anstalten übernommen sind (Art. 97);
c) Aufteilung des Aufwertungsstocks auf verschiedene Versicherungszweige bei einer Unternehmung (Art. 102);
d) Leistung eines Beitrages zum Aufwertungsstock aus dem sonstigen Vermögen der Versicherungsunternehmung (Art. 100);
e) Befriedigung anderweitiger Verpflichtungen der Unternehmung, z. B. Verwaltungskosten, Fremdwährungsverpflichtungen, Verpflichtungen aus Kriegs- und Sparprämienanleiheversicherungen (Art. 101);

f) den Mindestbetrag, der auf den Aufwertungsanteil entfallen muß, damit er zur Grundlage einer Fortsetzung des Versicherungsverhältnisses werden kann;

(Art. 105.)

g) Verwendung eines allenfalls gebildeten Härtefonds.

(Art. 105.)

Die Aufsichtsbehörde kann in Einzelfällen im Einverständnis mit Unternehmung und Treuhänder die gesamte Regelung der Aufwertung in anderer Weise vornehmen, falls dies im Interesse der Versicherten liegt.

(Art. 114.)

VII.

Die Vorschriften zu I—VI gelten sinngemäß auch für die Aufwertung der Versicherungsansprüche gegen öffentliche Versicherungsanstalten, die auf Grund landesgesetzlicher Vorschriften errichtet sind.

Die obersten Landesbehörden treffen die erforderlichen Durchführungsvorschriften.

(Art. 116.)

VIII.

Die Vorschriften des Aufwertungsgesetzes und der Durchführungsvorschriften gelten nicht für Lebensversicherungsverträge, die mit ausländischen, nicht unter Reichs-Aufsicht stehenden Unternehmungen abgeschlossen sind; für sie gelten die allgemeinen gesetzlichen Bestimmungen.

(Art. 115.)

H

Aufwertung anderer Ansprüche

In den Abschnitten A—G (entsprechend dem 2. bis 8. Abschnitt des Aufwertungsgesetzes) ist die Aufwertung von

A. **Hypotheken,**

B. **Grundschulden, Rentenschulden und Reallasten,**

C. **Industrie-Obligationen und verwandten Schuldverschreibungen,**

D. **Pfandbriefen und verwandten Schuldverschreibungen,**

E. **Schuldverschreibungen der Genossenschaften des öffentlichen Rechts und verwandter Körperschaften als Unternehmer wirtschaftlicher Betriebe,**

F. **Sparkassenguthaben,**

G. **Versicherungsansprüchen**

behandelt.

Bezüglich der

Aufwertung anderer Ansprüche

gilt:

I.

Konto-Korrent-Forderungen.

Ansprüche aus Konto-Korrent oder laufender Rechnung (einschließlich Postscheckverkehr) werden, auch wenn sie durch Hypothek gesichert sind, in der Regel

nicht aufgewertet.

Ausnahmen:

Ausnahmen 1. Ausdrückliche Aufwertungsvereinbarung;

2. Einlage des Arbeitnehmers beim Arbeitgeber (Bedeutung dieser Vorschrift ist bestritten; vgl. Bank-Archiv vom 1. August 1925 Seite 411);

3. Ansprüche besonderer Art, die einzeln im Aufwertungsgesetz § 63 Absatz 2 aufgeführt sind, z. B.:

   a) Ansprüche aus Gesellschaftsverträgen und anderen Beteiligungsverhältnissen;

   b) Ansprüche aus Gutsüberlassungsverträgen und Ansprüche, die auf den Beziehungen aus der Auseinandersetzung unter Miterben, Ehegatten, geschiedenen Ehegatten, Eltern und Kindern oder zwischen Erben und Pflichtteilsberechtigten oder Vermächtnisnehmern beruhen;

   c) Ansprüche, die auf den Beziehungen zwischen unterhaltsberechtigten und unterhaltsverpflichteten Personen beruhen;

d) Ansprüche auf wiederkehrende Leistungen, die bei Abfindungen, Auseinandersetzungen, Ueberlassungen oder ähnlichen Rechtsvorgängen begründet sind.

(§ 65.)

II.

Bankguthaben.

Bankguthaben werden in der Regel **nicht aufgewertet**, einerlei, ob sie durch Hypothek gesichert sind oder nicht.

Ausnahmen:

1. Ausdrückliche Vereinbarung der Aufwertung oder der wertbeständigen Anlage; Ausnahmen.
2. Einlage des Arbeitnehmers beim Arbeitgeber; (Bedeutung dieser Vorschrift ist bestritten; vgl. Bank-Archiv vom 1. August 1925, Seite 411);
3. Ansprüche besonderer Art, die einzeln im Aufwertungsgesetz § 63 Absatz 2 aufgeführt sind, z. B.:
   a) Ansprüche aus Gesellschaftsverträgen und anderen Beteiligungsverhältnissen;
   b) Ansprüche aus Gutsüberlassungsverträgen und Ansprüche, die auf den Beziehungen aus der Auseinandersetzung unter Miterben, Ehegatten, geschiedenen Ehegatten, Eltern und Kindern oder zwischen Erben und Pflichtteilsberechtigten oder Vermächtnisnehmern beruhen;
   c) Ansprüche, die auf den Beziehungen zwischen unterhaltsberechtigten und unterhaltsverpflichteten Personen beruhen;
   d) Ansprüche auf wiederkehrende Leistungen, die bei Abfindungen, Auseinandersetzungen, Ueberlassungen oder ähnlichen Rechtsvorgängen begründet sind.
4. Darlehensansprüche aus einer ehemaligen Geschäftsbeteiligung, die als solche mehr als 5 Jahre bestanden haben.

(§ 66.)

III.

Aufwertungsmaß bei den Ausnahmen zu I und II:

Zu I, 1 und II, 1: Nach der Vereinbarung;

zu I, 2 und 3; II, 2 und 3: Nach billigem Ermessen des Richters;

zu II, 4: Nach billigem Ermessen des Richters, bis höchstens 25% des Goldmarkwertes.

(§§ 65, 66, 62, 63.)

IV.

Schadenersatzansprüche gegen die Banken wegen Einlösung von bei ihnen deponierten Pfandbriefen und Obligationen zum Papiermarknennwert sind ausgeschlossen gemäß § 79 des Aufwertungsgesetzes, welcher lautet:

„(1) Dem Verwalter eines fremden Vermögens fällt ein zum Schadenersatze verpflichtendes Verschulden nicht zur Last, wenn er im Vertrauen auf den Stand der Gesetzgebung oder der Rechtsprechung bei der Annahme von Leistungen oder den sonstigen Verfügungen über Ansprüche, die der Aufwertung nach den Vorschriften dieses Gesetzes unterliegen, mit einer Aufwertung nicht gerechnet hat.

(2) Die Vorschrift des Abs. 1 findet entsprechende Anwendung auf Personen, die bei der Erteilung von Rat oder Auskunft mit einer Aufwertung nicht gerechnet haben."

V.

Sonstige Forderungen.

1. Vermögensanlagen.

Vermögensanlagen

a) **Begriff der Vermögensanlage:**

Im Gesetz nicht bestimmt.

Nach der Rechtsprechung des Reichsgerichts ist unter Vermögensanlage jede auf eine gewisse Dauer berechnete Verwendung von Vermögensstücken zu verstehen, die zu Zwecken der Erhaltung und Nutzung des Kapitals erfolgt. (Jur. Wochenschr. 1925, S. 937.)

b) **Aufwertungshöhe:**

Höchstens 25%; eine Mindestgrenze wie bei Hypotheken ist nicht vorgesehen. (§ 63.)

c) **Entscheidung über die Aufwertungshöhe im Streitfall:**

Durch die ordentlichen Gerichte, nicht durch die Aufwertungsstellen.

Berufungs- und Revisionsverfahren: ordentliches Prozeßverfahren. (Nicht das für die Beschwerde gegen die Entscheidungen der Aufwertungsstellen vorgeschriebene Verfahren.)

Zuständigkeit der Aufwertungsstelle kann jedoch gütlich vereinbart werden.

(§ 71.)

d) Hat sich der Gläubiger bei Rückzahlung seine Rechte nachweisbar vorbehalten, so kann nachträglich Aufwertung stattfinden.

e) Zahlung seit 15. 6. 1922 steht der Aufwertung nicht entgegen, auch wenn Rechte nicht vorbehalten wurden.

Schuldner kann gegen Aufwertung kraft Rückwirkung in den gleichen Fällen Einwendungen erheben, die ihm gegen Aufwertung von Hypotheken kraft Rückwirkung gegeben sind. (Vgl. Teil A Nr. XI.) Bei Aufwertung kraft Vorbehalt kann Schuldner Einwendungen auf Grund der allgemeinen Rechtsgrundsätze erheben.

(§§ 63, 78, 14, 15, 17—19.)

f) Fälligkeit:

Nach billigem Ermessen des Prozeßrichters, jedoch nicht später als 1. Januar 1938.

g) Verzinsung:

Nach billigem Ermessen des Prozeßrichters, ohne Zustimmung des Gläubigers jedoch nicht weniger als

1,2%	jährlich	ab 1. Januar 1925,
2,5%	„	ab 1. Juli 1925,
3%	„	ab 1. Januar 1926,
5%	„	ab 1. Januar 1928,

bei Stundung über 1. Januar 1932 nach näherer Bestimmung der Reichsregierung.

(§§ 63, 25, 26, 28.)

h) Anmeldefrist nicht vorgesehen.

i) In der Zeit vom 15. Juni 1922 bis 14. Februar 1924 geschlossene Vergleiche zwecks Abwendung des Streites oder der Ungewißheit über die Höhe der Aufwertung bleiben

aa) gegenüber den neuen Aufwertungsbestimmungen nur gültig, wenn Gläubiger Kaufmann war und den Vergleich im Betrieb seines Handelsgewerbes geschlossen hat; sie sind

bb) ungültig, (es gelten also die neuen Vorschriften über die Aufwertung trotz des Vergleiches), wenn Gläubiger eine Hypothekenbank, Sparkasse oder Versicherungsunternehmung war und die Aufwertung zu Gunsten der Pfandbriefgläubiger, Sparer oder Versicherten erfolgt.

cc) ebenfalls ungültig in allen anderen Fällen.

(§ 67, Absatz 2.)

2. Nichtvermögensanlagen.

a) **Nichtvermögensanlagen** sind lt. § 63: Nichtvermögensanlagen

aa) Ansprüche aus Gesellschaftsverträgen und anderen Beteiligungsverhältnissen;

bb) Ansprüche aus Gutsüberlassungsverträgen, sowie Ansprüche, die auf den Beziehungen aus der Auseinandersetzung unter Miterben, unter Ehegatten, unter geschiedenen Ehegatten, unter Eltern und Kindern oder zwischen Erben und Pflichtteilsberechtigten oder Vermächtnisnehmern beruhen;

cc) Ansprüche, die auf den Beziehungen zwischen unterhaltsberechtigten und unterhaltsverpflichteten Personen beruhen;

dd) Ansprüche auf wiederkehrende Leistungen, die bei Abfindungen, Auseinandersetzungen, Ueberlassungen oder ähnlichen Rechtsvorgängen begründet sind;

ee) Ansprüche auf Entrichtung eines Erbbauzinses;

ff) Guthaben bei Fabrik- oder Werksparkassen, sowie Ansprüche an Betriebs-Pensionskassen (§ 64). Die Vorschrift, daß die Guthaben und Ansprüche kraft Gesetzes nicht Vermögensanlage sind, gilt nicht, soweit die Mittel der Kasse aus freiwilligen Zuwendungen des Arbeitgebers herrühren; sie gilt auch nicht, sofern das Vermögen der Kasse gesondert vom Betriebsvermögen des Arbeitgebers zu verwalten und anzulegen war und verwaltet und angelegt worden ist;

gg) Ansprüche aus gegenseitigen Verträgen.

Soweit zum Zwecke der Versorgung von Arbeitern oder Angestellten eine Versicherung abgeschlossen ist, bleiben etwa daneben bestehende Versorgungsansprüche aus dem Anstellungsverhältnis unberührt. Ist der Arbeiter oder Angestellte bei seinem Arbeitgeber versichert, so wird das Vorliegen eines solchen Versorgungsanspruches aus dem Dienstvertrage vermutet;

ferner z. B.:

reine Gefälligkeitsdarlehen (Kammergericht, verschiedene Oberlandesgerichte); Kennzeichen des frei aufzuwertenden Gefälligkeitsdarlehens: Hilfsbereitschaft muß das ausschlaggebende — nicht unbedingt das einzige — Motiv zur Darlehenshingabe gewesen sein; Zinsvereinbarung steht der Eigenschaft „Gefälligkeitsdarlehen“ nicht unbedingt entgegen. (Hanseatisches Oberlandesger., Urt. v. 30. 9. 25; Hans. Rechtszeitschrift S. 864/1925.)

Kautionen der Arbeitnehmer (Oberlandesgericht Düsseldorf).

b) **Aufwertung von Nichtvermögensanlagen:**
Nach allgemeinen Rechtsgrundsätzen, ohne Höchst- oder Mindestgrenze.

c) **Entscheidung über die Aufwertungshöhe im Streitfall:**
Durch die ordentlichen Gerichte, nicht durch die Aufwertungsstellen (mit Ausnahme der Fälle zu ff).

Berufungs- und Revisionsverfahren: ordentliches Prozeßverfahren. (Nicht das für die Beschwerde gegen die Entscheidungen der Aufwertungsstellen vorgeschriebene Verfahren.)

Zuständigkeit der Aufwertungsstelle kann jedoch gütlich vereinbart werden. (§ 71.)

d) Rückwirkung, falls Rückzahlung seit 15. Juni 1922 erfolgt ist, oder Vorbehalt bei Rückzahlung muß nicht, wie bei Vermögensanlagen, kraft des Aufwertungsgesetzes berücksichtigt werden.

Der Prozeßrichter muß jedoch diese Gesichtspunkte nach allgemeinen Rechtsgrundsätzen berücksichtigen.

e) Zahlungen seit 13. 2. 1924 hindern die Aufwertung nicht. (§ 78.)

f) Verzinsung und Fälligkeit:

In der Regel: Nach billigem Ermessen des Prozeßrichters ohne Höchst- oder Mindestgrenze. (Maßgebend: Allgemeine Rechtsgrundsätze, nicht Aufwertungsgesetz.)

Ausnahmen bezügl. Verzinsung und Fälligkeit:

Bei

aa) Ansprüchen aus Gesellschaftsverträgen und anderen Beteiligungsverhältnissen;

bb) Ansprüchen aus Gutsüberlassungsverträgen, sowie Ansprüchen, die auf den Beziehungen aus der Auseinandersetzung unter Miterben, Ehegatten usw. beruhen;

cc) Ansprüchen, die auf den Beziehungen zwischen unterhaltsberechtigten und unterhaltsverpflichteten Personen beruhen;

dd) Ansprüchen, die bei Abfindungen, Auseinandersetzungen, Ueberlassungen oder ähnlichen Rechtsvorgängen begründet sind:

Fälligkeit nach billigem Ermessen des Prozeßgerichtes, jedoch nicht später als 1. Januar 1938; Verzinsung nach billigem Ermessen des Prozeßgerichtes, jedoch ohne Zustimmung des Gläubigers nicht weniger als

1,2%	jährlich	ab 1. Januar 1925,
2,5%	„	ab 1. Juli 1925,
3%	„	ab 1. Januar 1926,
5%	„	ab 1. Januar 1928,

nach näherer Bestimmung der Reichsregierung: bei Stundung über 1. Januar 1932.

(§ 63.)

f) Anmeldefrist nicht vorgesehen.

g) Vergleiche bleiben gültig, auch wenn sie in der Zeit vom 15. 6. 1922 bis 14. 2. 1924 erfolgt sind.

(§ 67.)

I

Wichtige Anmeldefristen nach dem Gesetz über die Aufwertung von Hypotheken und anderen Ansprüchen

vom 16. Juli 1925 (Reichsgesetzblatt I Seite 117) und der Durchführungsverordnung vom 29. November 1925 (RGBl. I Seite 392):

I.

Bis 30. November 1925

war der Anspruch auf Herausgabe von ausgelosten oder gekündigten Industrie-Obligationen und verwandten Schuldverschreibungen, die bei einer Bank zur Einlösung eingereicht sind und sich noch im Besitze der Bank befanden, anzumelden.

(§§ 33, 35 III; Art. 42.)

II.

Altbesitzer von Industrie-Obligationen und verwandten Schuldverschreibungen haben spätestens innerhalb

eines Monats nach Aufforderung durch die Schuldnergesellschaft

ihre Vorrechte anzumelden und die Beweismittel binnen einem weiteren Monat nachzureichen.

Die Frist beginnt mit der Aufforderung durch den Schuldner im Reichsanzeiger, die bis **30. September 1925** auszuschreiben war.

(§ 39.)

Wenn jedoch die Ansprüche gemäß Art. 41 der Durchführungsverordnung (Abschn. C VII) angemeldet worden sind, tritt der Verlust des Anspruches auf Genußrechte frühestens einen Monat nach Herausgabe der Schuldverschreibungen an den Anmeldenden und im Falle der Klageerhebung frühestens einen Monat nach rechtskräftiger Entscheidung ein.

(Art. 50.)

III.

Bis 1. Januar 1926 mußten angemeldet werden:

a) der Anspruch auf Aufwertung bei Vorbehalt und Rückwirkung

(§§ 16, 17, 31, 32, 78);

b) der Antrag des Gläubigers einer wiederauflebenden Hypothek auf Aufteilung einer inzwischen eingetragenen, im Range vorgehenden Gesamthypothek.

(§ 23.)

IV.

Am 2. Januar 1926 sind die Obligationszinsen für 1925 zu zahlen, soweit bis dahin der Obligationen-Ausgabetag endgültig feststeht.

(Art. 38 II.)

V.

Bis 31. Januar 1926 kann der Schuldner die Spruchstelle zwecks Feststellung des Ausgabetages von Industrieobligationen anrufen.

(Art. 30 II.)

VI.

Bis 28. Februar 1926 ist der Ausgabetag und der Umlaufbetrag von Industrieobligationen im Reichsanzeiger und in den Gesellschaftsblättern bekanntzugeben.

(Art. 31 IV.)

VII.

Bis 31. März 1926 läuft die Frist für

a) den Antrag des Eigentümers auf Herabsetzung des Hypotheken-Aufwertungsbetrages;
(§§ 8, 31, 32.)

b) den Antrag des Gläubigers oder Schuldners der persönlichen Forderung auf Abweichung von dem Normal-Aufwertungssatz;
(§ 12.)

c) den Antrag des Schuldners auf Herabsetzung der Aufwertung von Obligationen und öffentlich-rechtlichen Schuldverschreibungen.
(§§ 34, 52.)

VIII.

Bis 1. April 1926 läuft die Frist für

den Antrag des Gläubigers auf vorzeitige Hypotheken-Rückzahlung.

(§§ 27 II, 31, 32.)

IX.

Bis 30. April 1926 können Ansprüche auf Herausgabe ausgeloster oder gekündigter Pfandbriefe und verwandter Schuldverschreibungen der privatrechtlichen Hypothekenbanken und der privatrechtlichen und öffentlich-rechtlichen Grundkredit- und Ablösungsanstalten angemeldet werden, soweit sich die Stücke noch bei Einlösebanken befinden.

(Art. 61 II, 92, 93, 94.)

X.

Bis 30. April 1926 können außerhalb Europas wohnende Gläubiger ihre Ansprüche auf Herausgabe gekündigter und ausgeloster Industrieobligationen anmelden, die sich noch bei Einlösebanken befinden.
(Art. 42.)

XI.

Bis 30. April 1926 erfolgen Veröffentlichungen über die Teilungsmasse der Hypothekenbanken im Reichsanzeiger.
(Art. 60; vgl. auch Bemerkung zu Abschn. D, Ziff. III.)

XII.

Am 1. Juli 1926

a) Zinszahlungstermin für Industrieobligationen-Zinsen des Jahres 1926 (Art. 38);

b) Zinszahlungstermin für Tilgungshypotheken der Hypothekenbanken, soweit von diesen festgelegt. (Art. 75.)

XIII.

Bis 31. Juli 1926 können Gläubiger mit Wohnsitz außerhalb Europas Ansprüche auf Herausgabe gekündigter oder verloster Pfandbriefe und ähnlicher Schuldverschreibungen privatrechtlicher Hypothekenbanken, sowie von Schuldverschreibungen privatrechtlicher und öffentlichrechtlicher Grundkredit- und Ablösungsanstalten beanspruchen, soweit sich die Stücke noch bei Einlösebanken befinden.
(Art. 65, 92, 93, 94.)

XIV.

Bis 1. Januar 1927
kann der Antrag wegen Hinausschiebung der Fälligkeit von Hypotheken gestellt werden.
(§§ 26 II, 31.)

K

Meßzahlen

Zeit	Wert v. … Papiermark	i. GM.
1918		
Januar—Juni . .	10	8,00
Juli	10	7,14
August	10	6,90
Septemb.—Oktob.	10	6,45
November	10	5,71
Dezember	10	5,00
1919		
Januar	10	5,13
Februar	10	4,65
März	10	4,00
April	10	3,41
Mai	10	3,32
Juni	10	3,11
Juli	10	2,86
August	10	2,29
September	10	1,88
Oktober	10	1,66
November	10	1,26
Dezember	10	1,04
1920		
Januar 1.—10. . .	100	9,67
11.—20. . .	100	7,75
21.—31. . .	100	5,76
Februar 1.—10. . .	100	4,90
11.—20. . .	100	5,06
21.—29. . .	100	4,86
März 1.—10. . .	100	4,87
11.—20. . .	100	6,12
21.—31. . .	100	5,79
April 1.—10. . .	100	7,00
11.—20. . .	100	6,99
21.—30. . .	100	7,10
Mai 1.—10. . .	100	7,86
11.—20. . .	100	8,79
21.—31. . .	100	11,01
Juni 1.—10. . .	100	10,32
11.—20. . .	100	10,64
21.—30. . .	100	11,19
Juli 1.—10. . .	100	11,10
11.—20. . .	100	10,91
21.—31. . .	100	10,05
August 1.—10. . .	100	9,23
11.—20. . .	100	8,83
21.—31. . .	100	8,40
Sept. 1—10. . .	100	8,24
11.—20. . .	100	6 80
21.—30. . .	100	6,80
Oktober 1.—10. . .	100	6,87
11.—20. . .	100	6,39
21.—31. . .	100	6,22
Nov. 1.—10. . .	100	5,57
11.—20. . .	100	5,88
21.—30. . .	100	6,65
Dez. 1.—10. . .	100	6,38
11.—20. . .	100	6,27
21.—31. . .	100	6,20
1921		
Januar 1.—10 . .	100	6,05
11.—20. . .	100	6,62
21.—31. . .	100	7,41
Februar 1.—10. . .	100	6,90
11.—20. . .	100	7,26
21.—28. . .	100	7,01
März 1.—10. . .	100	7,01
11.—20. . .	100	7,09
21.—31. . .	100	7,12
April 1.—10 . .	100	7,24
11.—20. . .	100	7,15
21.—30. . .	100	6,77
Mai 1.—10. . .	100	6,77
11.—20. . .	100	7,42
21.—31. . .	100	7,32
Juni 1.—10. . .	100	6,88
11.—20. . .	100	6,61
21.—30. . .	100	6,39
Juli 1.—10. . .	100	6,34
11.—20. . .	100	6,25
21.—31. . .	100	5,88
August 1.—10. . .	100	5,32
11.—20. . .	100	4,96
21.—31. . .	100	5,01
Sept. 1.—10. . .	100	4,82
11.—20. . .	100	4,31
21.—30. . .	100	4,07
Oktober 1.—10. . .	100	3,88
11.—20. . .	100	3,23
21.—31. . .	100	2,98
Nov. 1.—10. . .	100	2,24
11.—20. . .	100	2,06
21.—30. . .	100	1,92
Dez. 1.—10. . .	100	2,37
11.—20. . .	100	2,56
21.—31. . .	100	2,55

Meßzahlen

Zeit	Wert v... Papiermark	Wert i. *GM.*
1922		
Januar 1.–10. . .	100	2,52
11–20. . .	100	2,50
21.–31. . .	100	2,28
Februar 1.–10. . .	100	2,30
11.–20. . .	100	2,24
21.–28. . .	100	2,08
März 1.–10. . .	100	1,86
11.–20. . .	100	1,70
21.–31. . .	100	1,43
April 1.–10. . .	100	1,43
11.–20. . .	100	1,50
21.–30. . .	100	1,59
Mai 1.–10. . .	100	1,50
11.–20. . .	100	1,49
21.–31. . .	100	1,51
Juni 1.–10. . .	100	1,52
11.–20. . .	100	1,37
21.–30. . .	100	1,26
Juli 1.–10. . .	1 000	9,50
11.–20. . .	1 000	9,70
21.–31. . .	1 000	8,46
August 1.–10. . .	1 000	6,06
11.–20. . .	1 000	4,88
21.–31. . .	1 000	3,16
Sept. 1.–10. . .	1 000	3,33
11.–20. . .	1 000	3,09
21.–30. . .	1 000	3,05
Oktober 1.–10. . .	1 000	2,13
11.–20. . .	1 000	1,65
21.–31. . .	1 000	1,11
Nov. 1.–10. . .	10 000	7,60
11.–20. . .	10 000	6,79
21.–30. . .	10 000	6,62
Dez. 1.–10. . .	10 000	5,80
11.–20 . .	10 000	6,18
21.–31. . .	10 000	6,34
1923		
Januar 1.–10. . .	10 000	4,94
11.–20. . .	10 000	3,22
21.–31. . .	10 000	1,87
Februar 1.–10. . .	10 000	1,35
11.–20. . .	10 000	1,87
21.–28. . .	10 000	1,86
März 1.–10. . .	10 000	1,95
11.–20. . .	10 000	2,06
21.–31. . .	10 000	2,04
April 1.–10. . .	10 000	2,02
11.–20. . .	10 000	1,92
21.–30. . .	10 000	1,57
Mai 1.–10. . .	10 000	1,29
11–20. . .	10 000	1,09
21.–31. . .	100 000	8,40
Juni 1.	100 000	6,47
2.	100 000	6,82
4.	100 000	6,83
5.	100 000	6,71
6.	100 000	6,30
7.	100 000	6,17
8.	100 000	6,18
9.	100 000	6,09
11.	100 000	5,79
12.	100 000	5,29
13.	100 000	4,94
14.	100 000	4,73
15.	100 000	4,26
16.	100 000	3,86
18.	100 000	3,66
19.	100 000	3,80
20.	100 000	3,79
21.	100 000	3,82
22.	100 000	3,89
23.	100 000	3,94
25.	100 000	3,58
26.	100 000	3,26
27.	100 000	3,03
28.	100 000	3,00
29.	100 000	2,92
30.	100 000	2,87
Juli 2.	100 000	2,73
3.	100 000	2,68
4.	100 000	2,54
5.	100 000	2,43
6.	100 000	2,37
7.	100 000	2,32
9.	100 000	2,28
10.	100 000	2,25
11.	100 000	2,26
12.	100 000	2,21
13.	100 000	2,10
16.	100 000	1,99
17.	100 000	1,75
19.	100 000	1,52
20.	100 000	1,33
23.	1 Million	9,83
24.	1 "	8,39
26.	1 "	6,01

Meßzahlen

Zeit		Wert		
		v... Papiermark		i. GM.
Juli	27.	1	Million	5,16
	30.	1	"	4,49
	31.	1	"	4,37
August	1.	1	"	3,98
	3.	1	"	2,63
	6.	1	"	1,68
	7.	1	"	1,32
	8.	1	"	1,18
	9.	1	"	1,20
	10.	1	"	1,33
	13.	1	"	1,42
	14.	1	"	1,50
	15.	1	"	1,47
	16.	1	"	1,25
	17.	10	Millionen	9,81
	20.	10	"	8,44
	21.	10	"	7,98
	22.	10	"	8,51
	23.	10	"	8,46
	24.	10	"	7,90
	27.	10	"	6,86
	28.	10	"	5,45
	29.	10	"	4,86
	30.	10	"	4,67
	31.	10	"	4,58
Sept.	3.	10	"	3,62
	4.	10	"	2,42
	5.	10	"	1,51
	6.	10	"	1,17
	7.	100	Millionen	9,43
	10.	100	"	7,52
	11.	100	"	6,29
	12.	100	"	5,52
	13.	100	"	4,70
	14.	100	"	3,84
	17.	100	"	2,97
	18.	100	"	2,59
	19.	100	"	2,73
	20.	100	"	2,67
	21.	100	"	3,33
	24.	100	"	3,20
	25.	100	"	3,23
	26.	100	"	2,94
	27.	100	"	2,31
	28.	100	"	1,78
Oktober	1.	100	"	1,95
	2.	100	"	1,07
	3.	1	Milliarde	9,21

Zeit		Wert		
		v... Papiermark		i. GM.
Oktober	4.	1	Milliarde	7,71
	5.	1	"	6,10
	8.	1	"	3,38
	9.	1	"	1,93
	10.	1	"	1,41
	11.	1	"	1,27
	12.	1	"	1,31
	15.	1	"	1,12
	16.	10	Milliarden	8,06
	17.	10	"	5,44
	18.	10	"	2,26
	19.	10	"	1,23
	22.	100	Milliarden	8,18
	23.	100	"	7,02
	24.	100	"	6,65
	25.	100	"	6,65
	26.	100	"	6,72
	27.	100	"	6,79
	29.	100	"	6,60
	30.	100	"	5,05
	31.	100	"	2,57
Nov.	1.	100	"	1,53
	2.	100	"	1,14
	3.	100	"	1,04
	5.	1	Billion	8,85
	6.	1	"	7,69
	7.	1	"	6,97
	8.	1	"	7,12
	9.	1	"	7,28
	10.	1	"	6,70
	12.	1	"	5,27
	13.	1	"	3,19
	14.	1	"	2,19
	15.	1	"	1,72
	16.	1	"	1,67
	17.	1	"	1,36
	19.	1	"	1,15
	20.	1	"	1,00
	21.	1	"	1,00
	22.	1	"	1,00
	23.	1	"	1,00
	24.	1	"	1,00
	26.	1	"	1,00
	27.	1	"	1,00
	28.	1	"	1,00
	29.	1	"	1,00
	30. und folgende Tage	1	"	1,00

L

Anlage I

zu Artikel 21 der Durchführungsverordnung, (siehe Abschnitt A Ziff. XIII, 6)

Barwert einer am 1. Januar 1932 fälligen Aufwertungsforderung

Zeit der Rückzahlung	1926 vom Hundert	1927 vom Hundert	1928 vom Hundert	1929 vom Hundert	1930 vom Hundert	1931 vom Hundert
1. Januar	77,86	82,04	86,61	89,52	92,70	96,19
1. Februar	78,19	82,40	86,84	89,77	92,98	96,49
1. März	78,53	82,77	87,07	90,03	93,26	96,80
1. April	78,87	83,14	87,31	90,29	93,55	97,11
1. Mai	79,21	83,51	87,55	90,55	93,83	97,42
1. Juni	79,55	83,89	87,79	90,81	94,12	97,74
1. Juli	79,90	84,27	88,03	91,08	94,41	98,05
1. August	80,25	84,65	88,27	91,34	94,70	98,37
1. September	80,60	85,04	88,52	91,61	94,99	98,69
1. Oktober	80,96	85,42	88,77	91,88	95,29	99,01
1. November	81,31	85,82	89,01	92,15	95,59	99,34
1. Dezember	81,67	86,21	89,27	92,43	95,89	99,67*)

Anmerkung: Es ist mit einer monatlichen Zahlung der Zinsen des aufgewerteten Rechtes gerechnet. Bei längeren Zahlungsperioden tritt für jeden Monat, für den am Auszahlungstermine noch keine Zinsen gezahlt sind, in der Zeit bis 31. Dezember 1927: 0,25 vom Hundert, ab 1. Januar 1928: 0,42 vom Hundert hinzu.

*) Reichsges. Bl. I S. 88/1926

Bayerische Hypotheken- und Wechsel-Bank

Hauptniederlassung München

Niederlassungen:

Nürnberg **Augsburg**

Aschaffenburg
Bamberg
Coburg
Fürth
Hof
Kempten
Kitzingen
Kulmbach
Landau i. Pf.
Landshut
Ludwigshafen a. Rh.
Memmingen
Neustadt a. Hdt.
Passau
Plauen i. V.
Regensburg
Rosenheim
Schweinfurt
Traunstein
Würzburg

ferner:

Aub
Babenhausen
Bad Aibling
Bad Kissingen
Bad Reichenhall
Bad Tölz
Bayreuth
Beilngries
Berchtesgaden
Burghausen
Burgkundstadt
Dachau
Deggendorf
Dillingen
Eggenfelden
Eichstätt
Endorf
Erding
Erlangen
Forchheim
Freilassing
Füssen
Garmisch
Geisenfeld
Gemünden a. M.
Gerolzhofen
Helmbrechts
Hersbruck
Höchstadt a. A.
Hofheim
Ingolstadt
Königshofen
Kronach
Krumbach
Landsberg a. L.
Lauf a. P.
Laufen
Lauingen
Lichtenfels
Lindau i. B.
Lindenberg
Mainburg
Markt Oberdorf
Miesbach
Miltenberg a. M.
Mindelheim
Moosburg
Mühldorf a. I.
Münnerstadt
Murnau
Naila
Neuburg a. D.
Neumarkt i. O.
Neustadt a. A.
Neustadt a. S.
Neustadt b. C.
Neu-Ulm
Nördlingen
Osterhofen
Pappenheim
Partenkirchen
Pasing
Pfaffenhofen
Pfarrkirchen
Rehau
Roth
Rothenburg o. T
Schwabach
Selb
Simbach a. I.
Sonneberg
Sonthofen
Starnberg
Straubing
Tegernsee
Thannhausen
Tittmoning
Uffenheim
Vilsbiburg
Vilshofen
Volkach
Wasserburg a. I.
Wassertrüdingen
Weiden i. O.
Weilheim
Weißenburg i. B.
Windsheim
Wolnzach
Zwiesel

Zweigstellen in München:

Augusten-Theresienstraße — Goetheplatz — Großmarkthalle — am Hauptbahnhof Leopoldstraße 21 — Nordendstraße 48 — Rindermarkt — Rotkreuzplatz — im Tal (Sparkassenstraße 2) — Wienerplatz 14 — Zenettistraße 3a am Schlacht- und Viehhof

Zweigstellen in Nürnberg:

Abteilung Nathan & Co., Albrecht-Dürerplatz, Ziegelgasse 52

Zweigstelle in Augsburg:

Bahnhofstraße 3

Eröffnung von Scheckkonten
zur Förderung des bargeldlosen Zahlungsverkehrs.

*

Annahme von Einlagegeldern mit günstiger, der
Kündigungsfrist entsprechenden Verzinsung.

*

Eröffnung laufender Rechnungen
mit und ohne Kreditgewährung.

*

An- und Verkauf
von Wertpapieren an allen in- und ausländischen
Börsen, sowie von Wertpapieren ohne Börsennotiz.

*

An- und Verkauf
von Wechseln und Schecks auf das In- und Ausland
(Devisen) zu vorteilhaften Sätzen.

*

Einlösung von Zins- und Dividendenscheinen.

Verwaltung und Aufbewahrung von Wertpapieren.

*

Vermietung
von Schrankfächern in unserer Stahlkammer unter
Selbstverschluß der Mieter.

*

Übernahme von Vermögensverwaltungen.

*

Beratung in Steuerangelegenheiten.

Gewährung
von Hypothekdarlehen auf landwirtschaftliche, städtische und industrielle Objekte; auf landwirtschaftliche Objekte erfolgt Darlehensgewährung sowohl auf der Basis der Pfandbriefe, wie auch aus den von der Rentenbankkreditanstalt zur Verfügung gestellten Darlehen.

Die Goldpfandbriefe der Bayerischen Hypotheken- und Wechsel-Bank sind mündelsicher und für eine erstklassige Kapitalsanlage bestens geeignet.

FSC
www.fsc.org
MIX
Papier | Fördert gute Waldnutzung
FSC® C083411

Kolibri 360 GmbH
Ferdinand-Jühlke-Straße 7
99095 Erfurt, Deutschland
produktsicherheit@kolibri360.de